As paixões da alma

Dados Internacionais de Catalogação na Publicação (CIP)
(Câmara Brasileira do Livro, SP, Brasil)

Descartes, René, 1596-1650
  As paixões da alma / René Descartes ; tradução de Monica Stahel. – Petrópolis, RJ : Vozes, 2023. – (Coleção Vozes de Bolso)

  Título original : Les passions de l'âme
  ISBN 978-65-5713-737-6

  1. Emoções – Obras anteriores a 1850
  2. Espírito e corpo – Obras anteriores a 1850
  3. Filosofia francesa I. Título. II. Série.

22-133409   CDD-194

Índices para catálogo sistemático:
1. Descartes : Obras filosóficas   194

Cibele Maria Dias – Bibliotecária – CRB-8/9427

René Descartes

As paixões da alma

Tradução de Monica Stahel

Vozes de Bolso

Tradução realizada a partir do original em francês intitulado
Les passions de l'âme

© desta tradução:
2023, Editora Vozes Ltda.
Rua Frei Luís, 100
25689-900 Petrópolis, RJ
www.vozes.com.br
Brasil

Todos os direitos reservados. Nenhuma parte desta obra poderá
ser reproduzida ou transmitida por qualquer forma e/ou quaisquer
meios (eletrônico ou mecânico, incluindo fotocópia e gravação)
ou arquivada em qualquer sistema ou banco de dados
sem permissão escrita da editora.

CONSELHO EDITORIAL

Diretor
Gilberto Gonçalves Garcia

Editores
Aline dos Santos Carneiro
Edrian Josué Pasini
Marilac Loraine Oleniki
Welder Lancieri Marchini

Conselheiros
Elói Dionísio Piva
Francisco Morás
Ludovico Garmus
Teobaldo Heidemann
Volney J. Berkenbrock

Secretário executivo
Leonardo A.R.T. dos Santos

Diagramação: Daniela Alessandra Eid
Revisão gráfica: Anna Carolina Guimarães
Capa: Ygor Moretti

ISBN 978-65-5713-737-6

Este livro foi composto e impresso pela Editora Vozes Ltda.

Sumário

Parte I – Das paixões em geral e por ocasião de toda a natureza do homem, 7

Parte II – Do número e da ordem das paixões e a explicação das cinco primitivas, 41

A ordem e a enumeração das paixões, 42

Parte III – Das paixões particulares, 93

Índice, 127

Parte I
Das paixões em geral e por ocasião de toda a natureza do homem

[AT, XI, 327]

Art. 1. Que aquilo que é paixão com respeito a um sujeito é sempre ação de algum outro ponto de vista

Não há nada em que melhor apareça quanto são defeituosas as ciências que recebemos dos antigos do que naquilo que eles escreveram das paixões. Pois, embora seja uma matéria cujo conhecimento sempre foi muito buscado e não pareça ser das mais difíceis, porque, como cada um as sente em si mesmo, não há necessidade de tomar emprestada de outro lugar nenhuma observação para lhes descobrir a natureza, o que os antigos ensinaram sobre elas é muito pouca coisa, e na maior parte tão pouco crível, que não posso ter [328] nenhuma esperança de me aproximar da verdade a não ser me afastando dos caminhos que eles seguiram. Por isso serei obrigado a escrever aqui como se estivesse tratando de uma matéria que nunca ninguém antes de mim tivesse abordado. E, para começar, considero que tudo o que se faz ou que acontece de novo é geralmente chamado pelos filósofos de paixão com respeito ao sujeito a quem acontece e de ação do ponto de vista de quem faz acontecer. De modo que, embora com frequência o agente e o paciente sejam muito diferentes, a ação e a paixão não deixam de ser uma mesma coisa que tem esses dois nomes, de acordo com os dois sujeitos diversos aos quais se pode reportá-la.

Art. 2. Que para conhecer as paixões da alma é preciso distinguir suas funções daquelas do corpo

Depois também considero que não notamos que exista um sujeito que aja mais imediatamente contra nossa alma do que o corpo ao qual ela está unida e que, por conseguinte, devemos pensar que aquilo que é nela uma paixão é nele comumente uma ação; de modo que não há melhor caminho para chegar ao conhecimento de nossas paixões do que examinar a diferença entre a alma e o corpo, a fim de saber a qual dos dois deve-se atribuir cada uma das funções que estão em nós. [329]

Art. 3. Que regra se deve seguir para isso

Nisso não haverá grande dificuldade se atentarmos para que tudo o que experimentamos haver em nós e que vemos, também, haver em corpos completamente inanimados deve ser atribuído apenas a nosso corpo; e, ao contrário, para que tudo o que há em nós e que não concebemos de modo algum poder pertencer a um corpo deve ser atribuído a nossa alma.

Art. 4. Que o calor e o movimento dos membros procedem do corpo, e os pensamentos, da alma

Assim, por não concebermos que o corpo pense de alguma maneira, temos razão de acreditar que todas as espécies de pensamentos que estão em nós pertencem à alma. E, por não duvidarmos que haja corpos inanimados que se podem mover de tantas maneiras quanto as nossas ou mais e que têm tanto calor ou mais (o que a experiência mostra na chama, que só ela tem muito mais calor e movimento que qualquer um de nossos membros), devemos acreditar que todo o calor e todos os movimentos que estão em nós, uma vez que não dependem do pensamento, pertencem apenas ao corpo. [330]

Art. 5. Que é errado acreditar que a alma dá o movimento e o calor ao corpo

Por esse meio evitaremos um erro bastante considerável no qual vários caíram, de modo que estimo que ele seja a principal causa que impediu até agora que se tenham podido explicar bem as paixões e as outras coisas pertencentes à alma. Ele consiste em que, ao ver que todos os corpos mortos são privados de calor e em seguida de movimento, imaginou-se que fosse a ausência da alma que fizesse cessar esses movimentos e esse calor. E assim acreditou-se, sem razão, que nosso calor natural e todos os movimentos de nosso corpo dependiam da alma, ao passo que se deveria pensar, ao contrário, que a alma só se ausenta, quando se morre, porque esse calor cessa e os órgãos que servem para mover o corpo se deterioram.

Art. 6. Qual a diferença entre um corpo vivo e um corpo morto

Portanto, a fim de evitarmos esse erro, consideremos que a morte nunca acontece por culpa da alma, mas apenas porque alguma das principais partes do corpo se deteriora; e ponderemos que o corpo de um homem vivo difere tanto do corpo de um homem [331] morto quanto um relógio, ou outro autômato (ou seja, outra máquina que se move por si mesma), quando é montado e tem em si o princípio corporal dos movimentos para os quais é instituído, com tudo o que sua ação requer, e esse mesmo relógio ou outra máquina quando se quebra e o princípio de seu movimento deixa de agir.

Art. 7. Breve explicação das partes do corpo e de algumas de suas funções

Para tornar isso mais inteligível, explicarei aqui em poucas palavras toda a maneira pela qual a máquina de nosso corpo é composta. Não há ninguém que já não saiba que há em nós um coração, um cérebro, um estômago, músculos, nervos, artérias, veias e coisas semelhantes. Sabe-se, também, que os alimentos que se comem descem até o estômago e os intestinos, de onde seu suco, escoando para o fígado e para todas as outras veias, se mistura com o sangue que elas contêm e, por esse meio, aumenta sua quantidade. Aqueles que, por menos que seja, ouviram falar da medicina sabem, além disso, como é composto o coração e como todo o sangue das veias pode correr facilmente da veia cava do seu lado direito, e de lá passar para o pulmão pelo vaso chamado veia arteriosa, depois voltar do pulmão para o lado esquerdo do coração pelo vaso chamado artéria venosa, e finalmente passar de lá para a [332] grande artéria, cujas ramificações se espalham por todo o corpo. Mesmo todos aqueles que a autoridade dos antigos não cegou e que quiseram abrir os olhos para examinar a opinião de Hervaeus a respeito da circulação do sangue não duvidam que todas as veias e as artérias do corpo sejam riachos pelos quais o sangue corre sem cessar, muito rapidamente, iniciando seu curso da cavidade direita do coração pela veia arteriosa, cujas ramificações estão espalhadas por todo o pulmão e junto com as da artéria venosa, pela qual ele passa do pulmão para o lado esquerdo do coração; então, de lá, ele vai para a grande artéria, cujas ramificações, espalhadas por todo o resto do corpo, juntam-se às ramificações da veia cava, que levam o mesmo sangue de novo à cavidade direita do coração; de modo que essas duas cavidades são como eclusas por cada uma das quais passa todo o sangue a cada volta que ele dá pelo corpo. Além disso, sabe-se que todos os movimentos dos membros dependem dos músculos, e que esses músculos são opostos uns aos outros, de tal maneira que, quando um deles se contrai, ele puxa para si a parte do corpo à qual está ligado, o que faz ao mesmo tempo alongar-se o músculo que lhe é oposto; depois, se em outro momento acontece este último se contrair, ele faz que o primeiro volte a se alongar e volta a puxar para si a parte à qual estão ligados. Enfim, sabe-se que todos esses movimentos dos músculos, assim como todos os sentidos, dependem dos nervos, que são como pequenos filetes ou como pequenos tubos que vêm do cérebro e contêm, tal como ele, um certo ar ou vento muito sutil que chamamos de espíritos animais. [333]

Art. 8. Qual é o princípio de todas essas funções

Mas comumente não se sabe de que maneira esses espíritos animais e esses nervos contribuem para os movimentos ou os sentidos, nem qual é o princípio corporal que os faz agir. Por isso, ainda que eu já tenha mencionado alguma coisa em outros escritos, não deixarei de dizer aqui sucintamente que, enquanto estamos vivos, há um calor contínuo em nosso coração, que é uma espécie de fogo que o sangue das veias mantém nele, e que esse fogo é o princípio corporal de todos os movimentos de nossos membros.

Art. 9. Como se faz o movimento do coração

Seu primeiro efeito é dilatar o sangue de que as cavidades do coração estão cheias; por causa disso esse sangue, tendo necessidade de ocupar um espaço maior, passa impetuosamente da cavidade direita para a veia arteriosa, e da esquerda para a grande artéria; depois, cessando essa dilatação, entra incontinente novo sangue da veia cava na cavidade direita do coração, e da artéria venosa, na esquerda. Pois há pequenas peles nas entradas desses quatro vasos, dispostas de tal modo que fazem que o sangue não possa entrar no coração [334] a não ser pelos dois últimos nem sair dele a não ser pelos outros dois. O novo sangue entrando no coração é nele imediatamente rarefeito da mesma maneira que o precedente. E é apenas nisso que consiste o pulso ou batimento do coração e das artérias; de modo que esse batimento se reitera tantas vezes quantas entra sangue novo no coração. Também é apenas isso que dá movimento ao sangue e faz que ele corra sem cessar rapidamente em todas as artérias e todas as veias, meio pelo qual leva o calor que adquire no coração a todas as outras partes do corpo e lhes serve como alimento.

Art. 10. Como os espíritos animais são produzidos no cérebro

Mas o que há aqui de mais considerável é que todas as partes mais vivas e mais sutis do sangue que o calor rarefez no coração entram incessantemente em grande quantidade nas cavidades do cérebro. E a razão que as faz irem para lá mais do que para qualquer outro lugar é que todo o sangue que sai do coração pela grande artéria toma seu caminho em linha reta para aquele lugar e, como não consegue entrar todo, por só haver passagens muito estreitas, suas partes mais agitadas e mais sutis são as únicas a entrar ao passo que o resto se espalha por todos os outros lugares do corpo. Ora, essas partes muito sutis do sangue compõem os espíritos animais. E para isso não precisam receber nenhuma outra mudança no cérebro, onde simplesmente são separadas das outras partes do sangue menos sutis. Pois o que chamo aqui de espíritos nada mais são do que corpos, e eles [335] não têm outra propriedade que não a de serem corpos muito pequenos e que se movem muito depressa, tal como as partes da chama que sai de uma tocha. De modo que eles não se detêm em nenhum lugar, e, à medida que alguns entram nas cavidades do cérebro, também saem alguns outros pelos poros que há em sua substância, poros esses que os conduzem aos nervos e de lá aos músculos, meio pelo qual movem o corpo de todas as diversas maneiras pelas quais ele pode ser movido.

Art. 11. Como se fazem os movimentos dos músculos

Pois a única causa de todos os movimentos dos membros é que alguns músculos se contraem e seus opostos se alongam, tal como já foi dito; e a única causa que faz um músculo se contrair e não seu oposto é que vêm, por pouco que seja, mais espíritos do cérebro para ele do que para o outro. Não que os espíritos vindos imediatamente do cérebro sejam por si sós suficientes para moverem esses músculos, mas eles determinam os outros espíritos que já estão nesses dois músculos a saírem todos muito prontamente de um deles e irem para o outro; por esse meio, aquele do qual eles saem, [336] torna-se mais longo e mais descontraído; e aquele no qual eles entram, sendo imediatamente inflado por eles, se contrai e puxa o membro ao qual está ligado. Isso é fácil de conceber, desde que se saiba que há apenas muito poucos espíritos animais que vêm continuamente do cérebro para cada músculo, mas que sempre há muitos outros encerrados no mesmo músculo que se movem muito depressa, às vezes apenas rodopiando no lugar em que estão, isto é, quando não encontram passagens abertas para sair e, às vezes, escorrendo para o músculo oposto. Tanto mais que há pequenas aberturas em cada um desses músculos por onde esses espíritos podem correr de um para o outro e que estão dispostas de tal modo que, quando os espíritos que vêm do cérebro para um deles têm, por pouco que seja, mais força que aqueles que vão para o outro, eles abrem todas as entradas por onde os espíritos do outro músculo possam passar para este e, ao mesmo tempo, fecham todas aquelas por onde os espíritos deste possam passar para o outro; por esse meio todos os espíritos antes contidos nesses dois músculos juntam-se em um deles muito prontamente e, assim, o inflam e o contraem, ao passo que o outro se alonga e se descontrai.

Art. 12. Como os objetos de fora agem contra os órgãos dos sentidos

Resta saber agora as causas que fazem que os espíritos nem sempre corram do cérebro para os músculos [337] da mesma maneira e que, às vezes, os que vêm para uns sejam mais do que os que vêm para os outros. Pois, além da ação da alma, que na verdade é em nós uma dessas causas, tal como direi adiante, há ainda duas outras que dependem apenas do corpo, as quais é preciso destacar. A primeira consiste na diversidade dos movimentos que são excitados nos órgãos dos sentidos por seus objetos, a qual já expliquei bem amplamente na Dióptrica; mas para que os que lerem este escrito não tenham necessidade de ter lido outros, repetirei aqui que há três coisas a serem consideradas nos nervos, ou seja: sua medula, ou substância interior que se estende sob forma de pequenos filetes a partir do cérebro, onde ela tem sua origem, até as extremidades dos outros membros aos quais esses filetes estão ligados;

depois as peles que os envolvem e que, estando em continuidade com as que envolvem o cérebro, compõem pequenos tubos nos quais esses filetes estão encerrados; depois, finalmente, os espíritos animais que, sendo levados por esses mesmos tubos do cérebro até os músculos, são a causa de esses filetes se manterem inteiramente livres e estendidos, de tal modo que a menor coisa que mova a parte do corpo à qual a extremidade de qualquer um deles esteja ligada faz mover pelo mesmo meio a parte do cérebro da qual ele vem, da mesma maneira que quando se puxa uma ponta de uma corda faz-se com que a outra se mova. [338]

Art. 13. Que essa ação dos objetos de fora pode levar diversamente os espíritos aos músculos

E expliquei na Dióptrica como todos os objetos da visão só se comunicam a nós porque movem localmente, por intermédio dos corpos transparentes que estão entre eles e nós, os pequenos filetes dos nervos ópticos que há no fundo de nossos olhos, e em seguida os lugares do cérebro de onde vêm esses nervos; que eles os movem, digo, de tantas diversas maneiras quantas nos fazem ver diversidades nas coisas, e que não são imediatamente os movimentos que se fazem no olho, mas os que se fazem no cérebro, que representam esses objetos para a alma. A exemplo disso, é fácil conceber que os sons, os odores, os sabores, o calor, a dor, a fome, a sede, e todos os objetos em geral, tanto de nossos outros sentidos exteriores quanto de nossos apetites interiores, excitam também algum movimento em nossos nervos, que por meio deles vá até o cérebro. E, além de esses diversos movimentos fazerem nossa alma ter diversos sentimentos, eles podem também fazer sem ela que os espíritos caminhem para certos músculos e não para outros, e assim que movam nossos membros. Isso provarei aqui apenas por um exemplo. Se alguém estende prontamente a mão [339] de encontro a nossos olhos, como que para bater em nós, mesmo sabendo que ele é nosso amigo, que só o está fazendo por brincadeira e que evitará nos fazer algum mal, dificilmente nos impedimos de fechá-los; isso mostra que não é pela interferência da nossa alma que eles se fecham, pois é contra a nossa vontade, a qual é sua única ou pelo menos sua principal ação, mas é por ser a máquina de nosso corpo composta de tal modo que o movimento daquela mão na direção de nossos olhos excita um outro movimento no nosso cérebro, que leva os espíritos animais aos músculos que fazem baixar as pálpebras.

Art. 14. Que a diversidade que existe entre os espíritos pode também diversificar seu curso

A outra causa que serve para conduzir diversamente os espíritos animais até os músculos é a agitação desigual desses espíritos e a diversidade de suas partes. Pois, quando algumas de suas partes são maiores e mais agitadas do que as outras, elas passam mais na frente em linha reta para as cavidades e os poros do cérebro, e por esse meio são conduzidas a outros músculos aos quais não seriam se tivessem menos força. [340]

Art. 15. Quais são as causas de sua diversidade

E essa desigualdade pode provir das diversas matérias de que eles são compostos, tal como se vê, naqueles que beberam muito vinho, que os vapores desse vinho, entrando prontamente no sangue, sobem do coração para o cérebro, onde se transformam em espíritos que, mais fortes e mais abundantes do que os que lá estão geralmente, são capazes de mover o corpo de várias maneiras estranhas. Essa desigualdade dos espíritos também pode provir das diversas disposições do coração, do fígado, do estômago, do baço e de todas as outras partes que contribuem para sua produção. Pois aqui é preciso observar principalmente certos pequenos nervos inseridos na base do coração que servem para ampliar e encolher as entradas dessas concavidades, por meio do que o sangue, dilatando-se mais ou menos, produz espíritos dispostos diversamente. É preciso observar também que, embora o sangue que entra no coração venha de todos os outros lugares do corpo, muitas vezes acontece ele ser impelido mais de algumas partes do que de outras, porque os nervos e os músculos que correspondem àquelas partes o pressionam ou o agitam mais e, conforme a diversidade das partes das quais ele vem mais, ele se dilata diversamente no coração e em seguida produz espíritos que têm qualidades diferentes. Assim, por exemplo, o que vem da parte inferior do fígado, onde há o fel, [341] dilata-se no coração de maneira diferente do que vem do baço, e este de maneira diferente do que vem das veias dos braços ou das pernas, e finalmente este de maneira completamente diferente do suco dos alimentos, quando, acabando de sair do estômago e dos intestinos, ele passa prontamente pelo fígado até o coração.

Art. 16. Como todos os membros podem ser movidos pelos objetos dos sentidos e pelos espíritos sem ajuda da alma

Enfim é preciso observar que a máquina de nosso corpo é composta de tal modo que todas as mudanças que acontecem no movimento dos espíritos podem fazer com que eles abram alguns poros do cérebro mais do que os outros, e reciprocamente que, quando algum desses poros está, mesmo que pouco, mais aberto ou menos aberto do que de costume pela ação dos nervos que servem aos sentidos, isso muda alguma coisa no movimento dos espíritos e faz que eles sejam conduzidos aos músculos que servem para mover o corpo da maneira pela qual comumente é movido por ocasião de tal ação. De modo que todos os movimentos que fazemos sem a contribuição da nossa vontade (como acontece muitas vezes, quando respiramos, andamos, comemos e, enfim, quando fazemos todas as ações que nos são comuns com os animais) dependem apenas da conformação de [342] nossos membros e do curso que os espíritos, excitados pelo calor do coração, seguem naturalmente no cérebro, nos nervos e nos músculos, da mesma maneira como o movimento de um relógio é produzido unicamente pela força de sua mola e pelo desenho de suas rodas.

Art. 17. Quais são as funções da alma

Depois de assim considerar todas as funções que pertencem só ao corpo, é fácil saber que nada resta em nós que devamos atribuir a nossa alma a não ser nossos pensamentos, que são principalmente de duas espécies, ou seja: uns são as ações da alma, os outros são suas paixões. As que denomino suas ações são todas as nossas vontades, porque experimentamos que elas vêm diretamente de nossa alma e parecem depender apenas dela. Como, ao contrário, pode-se de modo geral chamar de paixões todas as espécies de percepções ou conhecimentos que se encontram em nós, porque com frequência não é nossa alma que as faz como são e ela sempre as recebe das coisas que são representadas por elas.

Art. 18. Da vontade

Mais uma vez nossas vontades são de duas espécies. Pois umas [343] são ações da alma que terminam na própria alma, como quando queremos amar Deus ou, em geral, aplicar nosso pensamento a algum objeto que não é material. As outras são ações que terminam no nosso corpo, como quando do simples fato de termos vontade de passear segue-se que nossas pernas se mexem e nós andamos.

Art. 19. Da percepção

Nossas percepções também são de duas espécies, e umas têm como causa a alma e as outras o corpo. As que têm a alma como causa são as percepções de nossas vontades e de todas as imaginações ou outros pensamentos que dependem dela. Pois é certo que não poderíamos querer alguma coisa que não percebêssemos pelo mesmo meio pelo qual a queremos; e, ainda que com respeito à nossa alma querer alguma coisa seja uma ação, pode-se dizer que nela também é uma paixão perceber que ela quer. Entretanto, porque essa percepção e essa vontade são de fato uma mesma coisa, a denominação sempre se faz por aquilo que é mais nobre, e assim não se costuma denominá-la paixão, mas apenas ação. [344]

Art. 20. Das imaginações e outros pensamentos que são formados pela alma

Quando nossa alma se aplica a imaginar alguma coisa que não existe, como a representar um palácio encantado ou uma quimera, e também quando ela se aplica a considerar alguma coisa que só é inteligível e não imaginável, por exemplo a considerar sua própria natureza, as percepções que ela tem das coisas dependem principalmente da vontade que a faz percebê-las. Por isso costuma-se considerá-las como ações mais do que como paixões.

Art. 21. Das imaginações que têm como causa apenas o corpo

Entre as percepções causadas pelo corpo, a maioria depende dos nervos; mas também há algumas que não dependem deles e que são denominadas imaginações, assim como essas de que acabo de falar, das quais entretanto elas diferem uma vez que nossa vontade não se aplica a formá-las, o que faz que não possam ser enumeradas entre ações da alma, e elas só provêm do fato de os espíritos, sendo diversamente agitados e encontrando os traços de diversas impressões precedentes no cérebro [345], tomarem seu caminho fortuitamente por certos poros e não por outros. Assim são as ilusões de nossos sonhos e também os devaneios que temos frequentemente estando acordados, quando nosso pensamento vagueia indolente sem se aplicar a nada especificamente. Ora, embora algumas dessas imaginações sejam paixões da alma, tomando essa palavra em seu sentido mais próprio e particular, e possam todas ser assim denominadas, se a tomarmos num sentido mais geral, todavia, porque elas não têm uma causa tão notável e determinada quanto as percepções que a alma recebe por intermédio dos nervos e porque parecem ser apenas a sombra e a pintura delas, antes que seja possível distingui-las bem deve-se considerar a diferença que há entre essas outras.

Art. 22. Da diferença que existe entre as outras percepções

Todas as percepções que ainda não expliquei vêm à alma por intermédio dos nervos, e há entre elas a diferença de que relacionamos umas aos objetos de fora, que impressionam nossos sentidos, outras a nosso corpo ou a algumas de suas partes, e outras ainda, finalmente, a nossa alma. [346]

Art. 23. Das percepções que relacionamos aos objetos que estão fora de nós

As que relacionamos a coisas que estão fora de nós, ou seja, aos objetos de nossos sentidos, são causadas, a menos que seja falsa nossa opinião, por esses objetos que, excitando alguns movimentos nos órgãos dos sentidos exteriores, também os excitam por intermédio dos nervos no cérebro, que fazem que a alma os sinta. Assim, quando vemos a luz de uma tocha e ouvimos o som de um sino, esse som e essa luz são duas ações diversas que, pelo simples fato de excitarem dois movimentos diversos em alguns de nossos nervos, e por meio deles no cérebro, dão à alma dois sentimentos diferentes, que relacionamos de tal modo ao que supomos serem suas causas, que pensamos ver a própria tocha e ouvir o sino, não apenas sentir movimentos que vêm deles.

Art. 24. Das percepções que relacionamos a nosso corpo

As percepções que relacionamos a nosso corpo ou a algumas de suas partes são as que temos da fome, da sede e de nossos outros [347] apetites naturais, a que podemos acrescentar a dor, o calor e as outras afecções que sentimos como em nossos membros e não como nos objetos que estão fora de nós. Assim, podemos sentir ao mesmo tempo, e por intermédio dos mesmos nervos, o frio de nossa mão e o calor da chama da qual ela se aproxima, ou então, ao contrário, o calor da mão e o frio do ar ao qual ela é exposta, sem que haja nenhuma diferença entre as ações que nos fazem sentir o quente ou o frio que está em nossa mão e as que nos fazem sentir o que está fora de nós, salvo que, uma dessas ações sobrevindo à outra, julgamos que a primeira já está em nós e que a que se segue ainda não está em nós, mas no objeto que a causa.

Art. 25. Das percepções que relacionamos a nossa alma

As percepções relacionadas apenas à alma são aquelas cujos efeitos são sentidos como na própria alma e das quais geralmente não se conhece nenhuma causa próxima à qual possam ser atribuídas. Tais são os sentimentos de alegria, de cólera e outros semelhantes, que às vezes são excitados em nós pelos objetos que movem nossos nervos e às vezes também por outras causas. Ora, ainda que todas as nossas percepções, tanto as relacionadas aos objetos que estão fora de nós como as relacionadas às diversas afecções de nosso corpo, sejam verdadeiramente paixões respeitantes à nossa alma quando tomamos a palavra em seu sentido mais geral, costuma-se restringi-la a significar apenas as que se relacionam à própria alma, e são apenas estas últimas que me propus a explicar aqui sob o nome de paixões da alma.

Art. 26. Que as imaginações que apenas dependem do movimento fortuito dos espíritos podem ser paixões tão verdadeiras quanto as percepções que dependem dos nervos

Resta aqui observar que todas as mesmas coisas que a alma percebe por intermédio dos nervos também lhe podem ser representadas pelo curso fortuito dos espíritos, sem que haja outra diferença senão a de que as impressões que chegam ao cérebro pelos nervos costumam ser mais vivas e mais expressas do que as excitadas nele pelos espíritos: isso me levou a dizer no artigo 21 que estas são como a sombra ou a pintura das outras. Deve-se também observar que às vezes acontece essa pintura ser tão semelhante à coisa que ela representa que é possível haver engano com respeito às percepções que se relacionam aos objetos que estão fora de nós ou as que se relacionam a algumas partes de nosso corpo, mas não é possível havê-lo do mesmo modo com respeito às paixões, uma vez que estão tão próximas e tão dentro de nossa alma que é impossível que ela as sinta sem que sejam verdadeiramente tais como as sente. Assim, com frequência quando adormecidos, e mesmo [349] às vezes estando acordados, imaginamos certas coisas tão intensamente que pensamos vê-las diante de nós ou senti-las no corpo, embora lá não estejam de modo nenhum; mas, ainda que se esteja adormecido e sonhando, não é possível sentir-se triste ou emocionado por alguma outra paixão, sem que seja bem verdade que a alma tenha em si essa paixão.

Art. 27. A definição das paixões da alma

Depois de ter considerado em que as paixões da alma diferem de todos os seus outros pensamentos, parece-me possível defini-las como percepções ou sentimentos, ou emoções da alma, que se relacionam particularmente a ela e que são causadas, mantidas e fortalecidas por algum movimento dos espíritos.

Art. 28. Explicação da primeira parte dessa definição

Podemos denominá-las percepções quando geralmente empregamos essa palavra para significar todos os pensamentos que não são ações da alma ou vontades, mas não quando a empregamos apenas para significar conhecimentos evidentes. Pois a experiência mostra que os mais agitados por suas paixões não são os que as conhecem melhor [350], e que elas fazem parte das percepções que a estreita aliança existente entre a alma e o corpo torna confusas e obscuras. Podem-se também denominá-las sentimentos, porque são recebidas na alma da mesma maneira que os objetos dos sentidos exteriores e não são conhecidas de outro modo por ela. Mas podem-se, ainda melhor, denominá-las emoções da alma, não apenas por esse nome poder ser atribuído a todas as mudanças que acontecem nela, ou seja, a todos os diversos pensamentos que lhe vêm, mas particularmente porque, de todas as espécies de pensamentos que ela pode ter, não há outros que a agitem e a abalem tão intensamente quanto essas paixões.

Art. 29. Explicação de sua outra parte

Acrescento que elas se relacionam particularmente à alma, para distingui-las dos outros sentimentos relacionados, uns aos objetos exteriores, como os odores, os sons, as cores; os outros a nosso corpo, como a fome, a sede, a dor. Acrescento também que são causadas, mantidas e fortalecidas por algum movimento dos espíritos, a fim de distingui-las de nossas vontades, que podem ser denominadas emoções da alma que se relacionam a ela, mas que são causadas por ela própria, e também a fim de explicar sua causa última e mais próxima, que as distingue, mais uma vez, dos outros sentimentos. [351]

Art. 30. Que a alma está unida a todas as partes do corpo conjuntamente

Porém, para entender mais perfeitamente todas essas coisas, é necessário saber que a alma está verdadeiramente unida a todo o corpo e que não se pode dizer propriamente que ela esteja em alguma de suas partes com exclusão das outras, porque ele é uno e, de certa maneira, indivisível, em razão da disposição de seus órgãos que se relacionam todos de tal modo um com o outro que, quando qualquer um deles é extraído, o corpo todo se torna defeituoso. E por ela ser de uma natureza que não tem nenhuma relação com a extensão nem com as dimensões ou outras propriedades da matéria que compõe o corpo, mas com todo o conjunto de seus órgãos. Mostra-o o fato de não ser possível de maneira nenhuma conceber a metade ou um terço de uma alma nem a extensão que ela ocupa, e de ela não se tornar corpo, mas separar-se inteiramente dele quando se desfaz o conjunto de seus órgãos.

Art. 31. Que há uma pequena glândula no cérebro na qual a alma exerce suas funções mais particularmente do que nas outras partes

Também é necessário saber que, embora a alma esteja unida a todo o corpo, há nele, entretanto, uma [352] parte na qual ela exerce suas funções mais particularmente do que em todas as outras. E acredita-se comumente que essa parte é o cérebro, ou talvez o coração: o cérebro, porque é a ele que são relacionados os órgãos dos sentidos; e o coração porque é como sendo nele que se sentem as paixões. Mas, examinando com cuidado, parece-me ter evidentemente reconhecido que a parte do corpo na qual a alma exerce imediatamente suas funções não é de modo nenhum o coração e tampouco o cérebro todo, mas apenas a sua parte mais interior, que é uma certa glândula muito pequena, situada no meio de sua substância e de tal maneira suspensa acima do conduto pelo qual os espíritos de suas cavidades anteriores se comunicam com os da posterior, que os menores movimentos que há nela têm grande possibilidade de mudar o curso desses espíritos e, reciprocamente, as menores mudanças no curso dos espíritos têm grande possibilidade de mudar os movimentos dessa glândula.

Art. 32. Como se sabe que essa glândula é a principal sede da alma

A razão que me persuade de que a alma não pode ter nenhum outro lugar em todo o corpo que não essa glândula, onde ela exerce suas funções imediatamente, é que considero que as outras partes de nosso cérebro são [353] todas duplas, como também temos dois olhos, duas mãos, duas orelhas e enfim todos os órgãos de nossos sentidos exteriores são duplos; e que, uma vez que temos um único e simples pensamento de uma mesma coisa ao mesmo tempo, deve haver necessariamente algum lugar em que as duas imagens que vêm pelos dois olhos, em que as duas outras impressões, que vêm de um só objeto pelos órgãos duplos dos outros sentidos, possam juntar-se em uma antes de chegarem à alma, a fim de que não lhe representem dois objetos em vez de um. E podemos facilmente conceber que essas imagens ou outras impressões se reúnam nessa glândula por intermédio dos espíritos que preenchem as cavidades do cérebro, mas não há nenhum outro lugar no corpo em que elas possam estar assim unidas, a não ser depois de se unirem nessa glândula.

Art. 33. Que a sede das paixões não está no coração

Quanto à opinião dos que pensam que a alma recebe suas paixões no coração, ela não é de modo algum considerável, pois baseia-se apenas em que as paixões fazem sentir nele alguma alteração; e é fácil notar que essa alteração só é sentida como sendo no coração por intermédio de um pequeno nervo que desce do cérebro até ele, assim como a dor é sentida como sendo no pé por intermédio dos nervos do pé e os astros são percebidos como estando no céu por intermédio [354] de sua luz e dos nervos ópticos: de modo que não é mais necessário que nossa alma exerça imediatamente suas funções no coração para sentir nele suas paixões do que é necessário que ela esteja no céu para ver nele os astros.

Art. 34. Como a alma e o corpo agem um contra o outro

Portanto vamos conceber aqui que a alma tem sua sede principal na pequena glândula que há no meio do cérebro, de onde ela irradia para todo o resto do corpo por intermédio dos espíritos, dos nervos e até do sangue, que, participando das impressões dos espíritos, pode levá-los pelas artérias a todos os membros; e, lembrando o que foi dito acima sobre a máquina do nosso corpo, ou seja, que os pequenos filetes de nossos nervos são distribuídos de tal maneira por todas as suas partes que, por ocasião dos diversos nervos que nele são excitados pelos objetos sensíveis, eles abrem diversamente os poros do cérebro, o que faz que os espíritos animais contidos nessas cavidades entrem diversamente nos músculos, meio pelo qual podem mover os membros de todas as diversas maneiras pelas quais são capazes de serem movidos, e também que todas as outras causas que podem mover diversamente os espíritos sejam suficientes para conduzi-los a diversos músculos; acrescentemos aqui que a pequena glândula que é a sede principal da alma está suspensa [355] entre as cavidades que contêm esses espíritos de tal modo que pode ser movida por eles de tantas maneiras diversas quantas diversidades sensíveis há nos objetos; mas que ela também pode ser diversamente movida pela alma, a qual é de natureza tal que recebe em si tantas impressões diversas, ou seja, tem tantas percepções diversas quantos movimentos diversos chegam a essa glândula. Como também, reciprocamente, a máquina do corpo é composta de tal maneira que, pelo simples fato de essa glândula ser diversamente movida pela alma ou por alguma outra causa possível, ela impele os espíritos à sua volta para os poros do cérebro, que os levam pelos nervos aos músculos, meio pelo qual ela os faz mover os membros.

Art. 35. Exemplo da maneira pela qual as impressões dos objetos unem-se na glândula que há no meio do cérebro

Assim, por exemplo, se vemos um animal vir ao nosso encontro, a luz refletida de seu corpo pinta duas imagens dele, uma em cada um de nossos olhos, e essas duas imagens formam duas outras, por intermédio dos nervos ópticos, na superfície interior do cérebro que fica de frente para suas concavidades; depois, de lá, por intermédio dos espíritos que preenchem suas cavidades, essas imagens irradiam para a pequena glândula cercada por esses espíritos, de tal modo que o movimento que compõe cada ponto de uma das imagens tende [356] para o mesmo ponto da glândula para o qual tende o movimento que forma o ponto da outra imagem, o qual representa a mesma parte desse animal, e por esse meio as duas imagens que estão no cérebro compõem apenas uma na glândula, que, agindo imediatamente contra a alma, faz que ela veja a figura desse animal.

Art. 36. Exemplo da maneira pela qual as paixões são excitadas na alma

E, além disso, se essa figura é muito estranha e muito assustadora, ou seja, se ela tem muita relação com as coisas que foram antes prejudiciais ao corpo, isso excita na alma a paixão do temor e em seguida a da audácia, ou então a do medo e do pavor, segundo o temperamento diverso do corpo ou a força da alma, e conforme tenhamos antes nos garantido pela defesa ou pela fuga contra as coisas prejudiciais às quais a impressão presente esteja relacionada. Pois isso confere ao cérebro tal disposição em alguns homens, que os espíritos refletidos da imagem assim formada na glândula vão então parte para os nervos que servem para virar as costas e mexer as pernas para fugir e parte para os que que ampliam ou contraem de tal modo os orifícios do coração, ou então que agitam de tal modo as outras partes de onde o sangue lhe é enviado, que esse sangue, sendo rarefeito de uma maneira diferente da usual, envia para o cérebro espíritos [357] próprios para manter e fortalecer a paixão do medo, ou seja, próprios para manter abertos ou abrir de novo os poros do cérebro que os levam para os mesmos nervos. Pois, pelo simples fato de esses espíritos entrarem nesses poros, eles excitam um movimento particular nessa glândula, o qual é instituído pela natureza para fazer a alma sentir essa paixão. E, porque esses poros são relacionados principalmente aos pequenos nervos que servem para contrair ou ampliar os orifícios do coração, isso faz que a alma a sinta principalmente como sendo no coração.

Art. 37. Como parece que são todas causadas por algum movimento dos espíritos

E, porque o mesmo acontece em todas as outras paixões, ou seja, elas serem principalmente causadas pelos espíritos contidos nas cavidades do cérebro, uma vez que eles tomam seu curso para os nervos que servem para ampliar ou contrair, ou para impelir diversamente na sua direção o sangue que está nas outras partes, ou, de qualquer outra maneira que seja, para manter a mesma paixão, pode-se daí entender claramente por que eu disse acima em sua definição que elas são causadas por algum movimento particular dos espíritos. [358]

Art. 38. Exemplo dos movimentos do corpo que acompanham as paixões e não dependem da alma

De resto, do mesmo modo como o curso que esses espíritos seguem na direção dos nervos do coração é suficiente para dar à glândula o movimento pelo qual o medo é posto na alma, assim também, pelo simples fato de alguns espíritos irem ao mesmo tempo para os nervos que servem para mexer as pernas, eles causam um outro movimento na mesma glândula por meio do qual a alma sente e percebe essa fuga, que pode dessa maneira ser excitada no corpo unicamente pela disposição dos órgãos e sem que a alma contribua para isso.

Art. 39. Como uma mesma causa pode excitar diversas paixões em diversos homens

A mesma impressão que a presença de um objeto assustador provoca na glândula e que causa o medo em alguns homens pode excitar em outros a coragem e a audácia, cuja razão é que nem todos os cérebros têm a mesma disposição e que o mesmo movimento da glândula que em alguns excita o medo faz, nos outros, que os espíritos entrem nos poros do cérebro que os levam parte para os nervos que servem para mexer as mãos para se defender, [359] e parte para os que agitam e impelem o sangue para o coração, da maneira exigida para produzir espíritos próprios para continuar essa defesa e manter a vontade de fazê-lo.

Art. 40. Qual é o principal efeito das paixões

Pois é necessário notar que o principal efeito de todas as paixões nos homens é o de incitarem e disporem a alma deles a querer as coisas para as quais elas preparam seu corpo; de modo que o sentimento de medo o incita a querer fugir, o de audácia a querer combater, e assim também quanto aos outros.

Art. 41. Qual é o poder da alma com respeito ao corpo

Mas a vontade é tão livre por natureza, que nunca pode ser coagida; e, das duas espécies de pensamentos que distingui na alma, das quais uma são suas ações, ou seja, suas vontades, as outras suas paixões, tomando esta palavra em seu sentido mais geral, que inclui todas as espécies de percepções, as primeiras estão absolutamente em seu poder e só indiretamente podem ser alteradas pelo corpo, assim como, ao contrário, as últimas dependem absolutamente das ações que as produzem e só indiretamente podem ser alteradas pela alma [360], exceto quando ela mesma é causa delas. E toda a ação da alma consiste em que, pelo simples fato de querer alguma coisa, ela faz a pequena glândula a que está estreitamente unida mover-se da maneira necessária para produzir o efeito relacionado a essa vontade.

Art. 42. Como se encontram na própria memória as coisas de que se quer lembrar

Assim, quando a alma quer se lembrar de alguma coisa, essa vontade faz que a glândula, pendendo sucessivamente para diversos lados, impulsione os espíritos para diversos lugares do cérebro, até que encontrem aquele em que estão os vestígios deixados pelos objetos de que se quer lembrar; pois esses vestígios nada mais são do que os poros do cérebro, por onde os espíritos antes tomaram seu curso por causa da presença desse objeto, adquirindo por isso maior facilidade que os outros para serem novamente abertos pelo espíritos que vêm na sua direção; de modo que esses espíritos, ao encontrarem esses poros, entram neles mais facilmente do que nos outros, e por esse meio excitam um movimento particular na glândula, o qual representa para a alma o mesmo objeto e lhe mostra que ele é aquele de que ela queria se lembrar. [361]

Art. 43. Como a alma pode imaginar, estar atenta e mover o corpo

Assim, quando se quer imaginar alguma coisa que nunca se viu, essa vontade tem a força de fazer a glândula se mover da maneira necessária para impelir os espíritos para os poros do cérebro por cuja abertura essa coisa pode ser representada. Assim, quando queremos deter nossa atenção para considerar um mesmo objeto por algum tempo, essa vontade mantém a glândula durante esse tempo inclinada para o mesmo lado. Assim, enfim, quando queremos andar ou mover o corpo de algum modo, essa vontade faz a glândula impelir os espíritos para os músculos que servem para esse efeito.

Art. 44. Que cada vontade está naturalmente unida a algum movimento da glândula; mas que, por engenho ou por hábito, pode-se uni-la a outros

Todavia, não é sempre a vontade de excitar em nós algum movimento ou algum outro efeito que nos pode fazer excitá-lo; mas isso muda conforme a natureza ou o hábito tenha unido cada movimento da glândula a cada pensamento. Assim, por exemplo, se queremos dispor nossos olhos a olharem um objeto muito distante, essa vontade faz sua pupila aumentar; mas, se queremos dispô-los a [362] olhar um objeto muito próximo, essa vontade a faz se contrair. Mas, se pensamos apenas em aumentar a pupila, por mais que tenhamos vontade, nem por isso a aumentamos, uma vez que a natureza não uniu o movimento da glândula que serve para impelir os espíritos para o nervo óptico da maneira exigida para ampliar ou contrair a pupila com a vontade de ampliar ou contrair, mas com a de olhar objetos distantes ou próximos. E, quando ao falar só pensamos no sentido do que queremos dizer, isso nos faz mexermos a língua e os lábios muito mais prontamente e muito melhor do que se pensarmos em mexê-los de todas as maneiras exigidas para proferir as mesmas palavras. Tanto mais que o hábito que adquirimos ao aprendermos a falar nos fez unirmos a ação da alma, que por intermédio da glândula pode mover a língua e os lábios, ao sentido das palavras que se seguem a esses movimentos mais do que aos próprios movimentos.

Art. 45. Qual é o poder da alma com respeito a suas paixões

Nossas palavras tampouco podem ser diretamente excitadas ou removidas pela ação de nossa vontade, mas podem sê-lo indiretamente pela representação das coisas que costumam ser unidas às paixões que queremos ter e que são contrárias [363] às que queremos rechaçar. Assim, para agitar em si a audácia e remover o medo, não basta ter a vontade, mas é preciso aplicar-se em considerar as razões, os objetos ou os exemplos que persuadem de que o perigo não é grande; de que sempre há mais segurança na defesa do que na fuga; de que se terá glória e alegria por ter vencido, ao passo que só se podem esperar arrependimento e vergonha por ter fugido, e coisas semelhantes.

Art. 46. Qual é a razão que impede que a alma disponha inteiramente de suas paixões

Há uma razão particular que impede a alma de poder mudar ou deter prontamente suas paixões, a qual me deu motivo para dizer acima, na sua definição, que elas são não apenas causadas como também mantidas e fortalecidas por algum movimento particular dos espíritos. Essa razão é que elas são, quase todas, acompanhadas de alguma emoção que se faz no coração e, por conseguinte, também em todo o sangue e todos os espíritos, de modo que, até que essa emoção tenha cessado, elas continuam presentes em nosso pensamento da mesma maneira que os objetos sensíveis continuam presentes nele enquanto estão agindo contra os órgãos de nossos sentidos. E como a alma, tornando-se muito atenta a alguma outra coisa, pode impedir-se de ouvir um pequeno [364] ruído ou de sentir uma pequena dor, mas não pode impedir-se do mesmo modo de ouvir o trovão ou de sentir o fogo queimando a mão, ela pode facilmente superar as menores paixões, mas não as mais violentas e as mais fortes, a não ser depois que a emoção do sangue e dos espíritos tenha se tranquilizado. O máximo que a alma pode fazer enquanto essa emoção está em vigor é não consentir em seus efeitos e conter vários dos movimentos aos quais ela dispõe o corpo. Por exemplo, se a cólera faz levantar a mão para bater, a vontade geralmente pode contê-la; se o medo incita as pernas a fugir, a vontade pode detê-las, e assim por diante.

Art. 47. Em que consistem os combates que se costumam imaginar entre a parte inferior e a superior da alma

E é apenas na aversão que há entre os movimentos que o corpo, por seus espíritos, e a alma, por sua vontade, tendem a excitar ao mesmo tempo na glândula, que consistem todos os combates que se costumam imaginar entre a parte inferior da alma, denominada sensitiva, e a superior, que é racional, ou entre os apetites naturais e a vontade. Pois há em nós uma só alma, e essa alma não tem em si nenhuma diversidade de partes: a mesma que é sensitiva é racional, e todos os seus apetites são vontades. O erro que se cometeu ao fazê-la desempenhar diversos personagens que são geralmente contrários uns aos outros provém apenas de não se terem distinguido bem [365] suas funções daquelas do corpo, o único a que se deve atribuir tudo o que pode ser observado em nós que repugna a nossa razão; de modo que não há nisso outro combate senão que, podendo a pequena glândula que está no meio do cérebro ser impelida de um lado pela alma e do outro pelos espíritos animais, que nada mais são do que esses corpos, tal como eu disse acima, muitas vezes acontece essas duas impulsões serem contrárias e a mais forte impedir o efeito da outra. Ora, podem-se distinguir duas espécies de movimentos excitados pelos espíritos na glândula: uns representam para a alma os objetos que movem os sentidos, ou as impressões que se encontram no cérebro e não exercem nenhum esforço sobre sua vontade; os outros exercem algum esforço, ou seja, os que causam as paixões ou os movimentos do corpo que os acompanham; e, quanto aos primeiros, ainda que frequentemente impeçam as ações da alma ou então que sejam impedidos por elas, por não serem diretamente contrários não se nota nenhum combate. Nota-se combate apenas entre os últimos e as vontades a que têm aversão: por exemplo, entre o esforço com que os espíritos impelem a glândula para causar na alma o desejo de alguma coisa e aquele com que a alma a repele pela sua vontade de fugir da mesma coisa; e o que principalmente faz aparecer esse combate é o fato de a vontade, não tendo o poder de excitar diretamente as paixões, tal como já foi dito, é obrigada a usar [366] de engenho e aplicar-se a considerar sucessivamente diversas coisas e, se acontecer que uma tenha a força de mudar por um momento o curso dos espíritos, pode ser que a seguinte não a tenha e que eles o retomem logo depois, porque a disposição precedente nos nervos, no coração e no sangue não mudou, o que faz que a alma sinta-se impelida quase ao mesmo tempo a desejar e não desejar uma mesma coisa; e foi daí que se teve o ensejo de imaginar nela duas potências que se combatem. Todavia pode-se ainda conceber algum combate, já que muitas vezes a mesma causa que excita na alma uma paixão também excita no corpo certos movimentos para os quais a alma não contribui e os quais ela detém ou tenta deter assim que os percebe, como se experimenta quando o que excita o medo também faz que os espíritos entrem nos músculos que servem para mexer as pernas para fugir e a vontade que se tem de ser audaz as detenha.

Art. 48. Em que se conhece a força ou a fraqueza das almas e qual é o mal das mais fracas

Ora, é pelo sucesso desses combates que cada um pode conhecer a força ou a fraqueza de sua alma. Pois aqueles em quem naturalmente a vontade pode facilmente vencer as paixões e deter os movimentos do corpo que as acompanham têm as almas mais fortes, sem dúvida. [367] Mas há os que não podem pôr sua força à prova, porque nunca fazem sua vontade combater com suas próprias armas, mas apenas com as que algumas paixões lhes fornecem para resistir a alguma outras. O que denomino suas próprias armas são julgamentos firmes e determinados concernentes ao conhecimento do bem e do mal, segundo os quais ela resolveu conduzir as ações de sua vida. E as almas mais fracas de todas são aquelas cuja vontade não se determina, assim, a seguir certos julgamentos, mas deixa-se continuamente levar pelas paixões presentes que, frequentemente contrárias umas às outras, a puxam, cada uma por sua vez, para seu partido empregando-a para combater contra si mesma, levam a alma ao estado mais deplorável possível. Assim, quando o medo representa a morte como um mal extremo e que não pode ser evitado pela fuga, se a ambição, por outro lado, representa a infâmia dessa fuga como um mal pior que a morte; essas duas paixões agitam diversamente a vontade, que, obedecendo ora a uma, ora à outra, opõe-se continuamente a si mesma e assim torna a alma escrava e infeliz.

Art. 49. Que a força da alma não é suficiente sem o conhecimento da verdade

É verdade que há poucos homens tão fracos e tão irresolutos que nada querem a não ser o que sua paixão [368] lhes dita. A maioria tem julgamentos determinados, segundo os quais regula uma parte de suas ações. E, embora muitas vezes esses julgamentos sejam falsos e até baseados em algumas paixões pelas quais antes a vontade se deixou vencer ou seduzir, por ela continuar a segui-los quando a paixão que os causou está ausente podem-se considerá-los como suas próprias armas e pensar que as almas são mais fortes ou mais fracas em razão de poderem seguir mais ou seguir menos esses julgamentos e resistir às paixões presentes que lhes são contrárias. Há no entanto grande diferença entre as resoluções que provêm de alguma opinião falsa e as que se apoiam apenas no conhecimento da verdade; tanto que se seguirmos estas últimas certamente jamais haverá pesar nem arrependimento, ao passo que sempre os haverá por termos seguido as primeiras ao descobrirmos o erro.

Art. 50. Que não há alma tão fraca que não possa, sendo bem conduzida, adquirir um poder absoluto sobre as paixões

E é útil aqui saber que, como já foi dito acima, embora cada movimento da glândula pareça ter sido unido pela natureza a cada um de nossos pensamentos já no início de nossa vida, podemos entretanto uni-los a outros por hábito, [369] assim como a experiência mostra nas palavras que excitam movimentos na glândula as quais, segundo a instituição da natureza, representam para a alma apenas o seu som quando são proferidas pela voz ou a figura de suas letras quando são escritas, e que entretanto, pelo hábito que adquirimos de pensar no que significam quando ouvimos seu som ou vemos suas letras, costumam fazer conceber esse significado mais do que a figura de suas letras ou o som de suas sílabas. Também é útil saber que, embora os movimentos, tanto da glândula como dos espíritos e do cérebro, que representam para a alma certos objetos, sejam naturalmente unidos aos que excitam nela certas paixões, eles podem por hábito, entretanto, ser separados deles e unidos a outros muito diferentes, e até mesmo que esse hábito pode ser adquirido por uma única ação e não requer um longo uso. Assim, quando encontramos inopinadamente alguma coisa muito suja num alimento que comemos com apetite, a surpresa desse encontro pode mudar a disposição do cérebro de tal modo que depois já não possamos ver esse alimento sem horror, ao passo que antes o comíamos com prazer. E pode-se observar a mesma coisa nos animais; pois, mesmo que eles não tenham razão talvez tampouco pensamento algum, todos os movimentos dos espíritos e da glândula que excitam em nós as paixões não deixam de estar neles e de neles servir para manter e fortalecer, não como em nós, as paixões, mas os movimentos [370] dos nervos e dos músculos que costumam acompanhá-las. Assim, quando um cão vê uma perdiz, ele é naturalmente levado a correr para ela; e, quando ele ouve um tiro de fuzil, o ruído o incita naturalmente a fugir; no entanto, geralmente se treinam os cães perdigueiros de modo que a visão de uma perdiz faça que se detenham, e que o barulho que ouvem depois, quando se atira nela, faça que acorram a ela. Ora, essas coisas são úteis de saber para dar a todos a coragem de estudar e controlar suas paixões. Pois, uma vez que se podem, com um pouco de engenho, mudar os movimentos do cérebro nos animais desprovidos de razão, é evidente que se pode fazê-lo melhor ainda nos homens, e que mesmo aqueles que têm as almas mais fracas poderão adquirir um domínio muito absoluto sobre todas as suas paixões, se for empregado engenho bastante para treiná-los e conduzi-los.

Parte II
Do número e da ordem das paixões e a explicação das cinco primitivas.

Art. 51. Quais são as primeiras causas das paixões

Sabe-se, pelo que foi dito acima, que a última e mais próxima causa das paixões da alma não é senão a agitação com que os espíritos movem a pequena glândula que há no meio do cérebro. Mas isso não é suficiente para poder distinguir umas das outras; é necessário buscar suas origens e examinar suas primeiras causas. Ora, ainda que às vezes elas possam ser causadas pela ação da alma que se determina a conceber tais ou tais objetos, e também pelo simples temperamento do corpo ou pelas impressões [372] que se encontram fortuitamente no cérebro, como acontece quando nos sentimos tristes ou alegres sem podermos dizer nenhum motivo para isso, parece entretanto, pelo que foi dito, que todas podem também ser excitadas pelos objetos que movem os sentidos, e que esses objetos são suas causas mais comuns e principais; segue-se daí que, para encontrar todas elas, basta considerar todos os efeitos desses objetos.

Art. 52. Qual é seu uso e como podem ser enumeradas

Observo, além disso, que os objetos que movem os sentidos excitam em nós diversas paixões não em razão de todas as diversidades que há neles, mas somente em razão das diversas maneiras pelas quais nos podem prejudicar ou nos serem proveitosos ou, então, de modo geral, serem importantes; e que o uso de todas as paixões consiste apenas em que elas dispõem a alma a querer as coisas que a natureza dita nos serem úteis e a persistir nessa vontade, bem como a mesma agitação dos espíritos que costuma causá-las dispõe o corpo aos movimentos que servem para a execução dessas coisas. Por isso, a fim de as enumerar, é preciso apenas examinar por ordem de quantas maneiras diversas nossos sentidos podem ser movidos por seus objetos. E farei aqui a enumeração de todas as principais paixões segundo a ordem em que elas podem assim ser encontradas. [373]

A ordem e a enumeração das paixões

Art. 53. A admiração

Quando o primeiro encontro de algum objeto nos surpreende e julgamos que ele seja novo, ou muito diferente do que conhecemos antes ou então do que supúnhamos que ele devesse ser, isso faz que o admiremos e nos espantemos com ele. E, porque isso pode acontecer antes de sequer sabermos se esse objeto nos convém ou não, parece-me que a admiração é a primeira de todas as paixões. E ela não tem contrário, porque, se o objeto que se apresenta nada tem em si que nos surpreenda, não nos comovemos nem um pouco com ele e o consideramos sem paixão.

Art. 54. A estima e o desprezo, a generosidade ou o orgulho e a humildade ou a baixeza

À admiração unem-se a estima ou o desprezo, conforme admiremos a grandeza de um objeto ou sua pequenez. E podemos assim estimar ou desprezar a nós mesmos; daí vêm as paixões [374] e a seguir os hábitos de magnanimidade ou de orgulho e de humildade ou de baixeza.

Art. 55. A veneração e o desdém

Mas, quando estimamos ou desprezamos outros objetos que consideramos causas livres capazes de fazer bem ou mal, da estima vem a veneração, e do simples desprezo, o desdém.

Art. 56. O amor e o ódio

Ora, todas as paixões precedentes podem ser excitadas em nós sem que percebamos de modo nenhum e o objeto que as causa é bom ou mau. Mas quando uma coisa nos é representada como boa com respeito a nós, ou seja, como nos sendo conveniente, isso nos faz ter amor por ela; e, quando nos é representada como má ou prejudicial, somos excitados ao ódio.

Art. 57. O desejo

Da mesma consideração do bem e do mal nascem todas as outras paixões; mas, para ordená-las, distinguirei os momentos, e, considerando que elas [375] nos levam a olhar bem mais o futuro do que o presente ou o passado, começo pelo desejo. Pois, não só quando se deseja adquirir um bem que ainda não se tem, ou então evitar um mal que se julga poder acontecer, mas também quando apenas se deseja a conservação de um bem ou a ausência de um mal, que é tudo a que se pode estender essa paixão, é evidente que ela diz respeito sempre ao futuro.

Art. 58. A esperança, o temor, o ciúme, a segurança e o desespero

Basta pensar que a aquisição de um bem ou a fuga de um mal é possível para ser incitado a desejá--la. Mas, quando se considera, além disso, se aparentemente há muita ou pouca probabilidade de que se obtenha o que se deseja, o que nos representa que há muita excita em nós a esperança e o que nos representa que há pouca excita o temor, do qual o ciúme é uma espécie. Quando a esperança é extrema, ela muda de natureza e se denomina segurança, assim como, ao contrário, o temor extremo torna-se desespero.

Art. 59. A irresolução, a coragem, a audácia, a emulação, a covardia e o pavor

E, assim, podemos esperar e temer, ainda que acontecer o que esperamos não dependa [376] de modo algum de nós; mas, quando nos é representado que depende, pode haver dificuldade na escolha dos meios ou na execução. Da primeira, provém a irresolução, que nos dispõe a deliberar ou nos aconselhar. À última opõe-se a coragem ou a audácia, da qual a emulação é uma espécie. E a covardia é o contrário da coragem, assim como o medo ou o pavor o são da audácia.

Art. 60. O remorso

E, se nos determinamos a alguma ação antes que a irresolução seja eliminada, isso faz nascer o remorso de consciência, que não diz respeito ao tempo por vir, como as paixões precedentes, mas ao presente ou ao passado.

Art. 61. A alegria e a tristeza

E a consideração do bem presente excita em nós alegria, a do mal, tristeza, quando é um bem ou um mal que nos é representado como pertencente a nós.

Art. 62. A zombaria, a inveja, a piedade

Mas, quando nos é representado como pertencente a outros homens, podemos estimar que sejam disso [377] dignos ou indignos; e, quando os estimamos dignos, isso não excita em nós outra paixão que não a alegria, uma vez que é para nós um bem ver que as coisas acontecem como devem. Há apenas a diferença de que a alegria que vem do bem é séria, ao passo que a que vem do mal é acompanhada de riso e zombaria. Mas, se os estimamos indignos, o bem excita a inveja, e o mal, a piedade, que são espécies de tristeza. E é de notar que as mesmas paixões que se referem aos bens ou aos males presentes podem com frequência ser referidas também aos que estão por vir, já que a opinião que se tem de que advirão representa-os como presentes.

Art. 63. A satisfação consigo mesmo e o arrependimento

Podemos também considerar a causa do bem ou do mal, tanto presente como passado. E o bem que foi feito por nós mesmos dá-nos uma satisfação interior, que é a mais doce de todas as paixões, ao passo que o mal excita o arrependimento, que é a mais amarga.

Art. 64. O favor e o reconhecimento

Mas o bem que foi feito por outros é a causa de os termos em favor, ainda que não tenha sido feito a nós [378]; e, se foi para nós, ao favor juntamos o reconhecimento.

Art. 65. A indignação e a cólera

Contudo, o mal que é feito por outros, não se referindo a nós, faz apenas que tenhamos indignação contra eles; e, quando referido a nós, também desperta a cólera.

Art. 66. A glória e a vergonha

Além disso, o bem que há ou que houve em nós, referindo-se à opinião que os outros possam ter de nós, excita em nós glória, e o mal, vergonha.

Art. 67. O dissabor, a nostalgia e o júbilo

E às vezes a duração do bem causa o fastio ou o dissabor, ao passo que a do mal diminui a tristeza. Enfim, do bem que passou vem a nostalgia, que é uma espécie de tristeza, e do mal que passou vem o júbilo, que é uma espécie de alegria. [379]

Art. 68. Por que essa enumeração das paixões é diferente da comumente aceita

Eis a ordem que me parece a melhor para enumerar as paixões. Nisso bem sei que me afasto da opinião de todos os que escreveram antes sobre elas, mas não é sem grande razão. Pois eles derivam sua enumeração do fato de distinguirem na parte sensitiva da alma dois apetites, os quais designam um como "concupiscível", outro como "irascível". E porque não conheço na alma nenhuma distinção de partes, tal como eu disse acima, isso me parece significar simplesmente que ela tem duas faculdades, uma de desejar, outra de se contrariar; e porque ela tem do mesmo modo as faculdades de admirar, de amar, de ter esperança, de temer e assim de receber em si cada uma das outras paixões, ou de fazer as ações às quais essas paixões a impelem, não vejo por que quiseram relacionar todas elas à concupiscência ou à cólera. Além disso, a enumeração deles não inclui todas as principais paixões, como creio que esta faça. Falo apenas das principais, porque ainda poderíamos distinguir várias outras mais particulares, e seu número é indefinido. [380]

Art. 69. Que há apenas seis paixões primitivas

Mas o número das que são simples e primitivas não é muito grande. Pois, passando em revista todas as que enumerei, nota-se facilmente que há apenas seis que o são, ou seja, a admiração, o amor, o ódio, o desejo, a alegria e a tristeza; e que todas as outras são compostas por algumas dessas seis, ou então são espécies delas. Por isso, a fim de que sua quantidade não confunda os leitores, tratarei aqui separadamente das seis primitivas; e depois mostrarei de que maneira todas as outras têm nelas sua origem.

Art. 70. Da admiração; sua definição e sua causa

A admiração é uma surpresa súbita da alma, que a faz ser levada a considerar com atenção os objetos que lhe parecem raros ou extraordinários. Assim, ela é causada primeiramente pela impressão que se tem no cérebro, que representa o objeto como raro e por conseguinte digno de ser muito considerado; em seguida, pelo movimento dos espíritos, que por essa impressão se dispõem a tender com muita força para o lugar do cérebro em que ela está, para lá fortalecê-la e conservá-la [381]; assim também ela os dispõe a irem de lá para os músculos que servem para reter os órgãos dos sentidos na mesma situação em que estão, a fim de que ela continue sendo mantida por eles, se é por eles que ela foi formada.

Art. 71. Que não ocorre nenhuma mudança no coração nem no sangue nessa paixão

E essa paixão tem de particular que não se nota que ela seja acompanhada por nenhuma mudança que aconteça no coração ou no sangue, como ocorre com as outras paixões. A razão disso é que, não tendo por objeto nem o bem nem o mal, mas apenas o conhecimento da coisa que se admira, ela não tem relação com o coração e com o sangue, dos quais depende todo o bem do corpo, mas apenas com o cérebro, onde estão os órgãos dos sentidos que servem para esse conhecimento.

Art. 72. Em que consiste a força da admiração

Isso não impede que ela tenha muita força por causa da surpresa, ou seja, da chegada súbita e inopinada da impressão que muda o movimento dos espíritos, surpresa própria e particular dessa paixão; de modo que, quando ela se encontra [382] em outras, como costuma se encontrar em quase todas e aumentá-las, é porque a admiração está unida a elas. E sua força depende de duas coisas, ou seja, da novidade e de o movimento que ela causa ter desde o começo toda a força. Pois é certo que um tal movimento tem mais efeito do que aqueles que, sendo fracos de início e só crescendo pouco a pouco, podem facilmente ser desviados. Também é certo que os objetos dos sentidos que são novos tocam o cérebro em determinadas partes em que ele não costuma ser tocado; e que, sendo essas partes mais tenras ou menos firmes do que aquelas que uma agitação frequente endureceu, o efeito dos movimentos que eles aí excitam aumenta. Isso não será considerado incrível se considerarmos que é por uma razão semelhante que, estando as plantas de nossos pés acostumadas a um toque bastante intenso pelo peso do corpo que carregam, só sentimos muito pouco esse toque quando andamos; ao passo que um outro muito menor e mais suave, ao lhes fazermos cócegas, nos é quase insuportável, pela simples causa de ele não ser comum para nós.

Art. 73. O que é o espanto

E essa surpresa tem tal poder de fazer que os espíritos que estão nas cavidades do cérebro tomem seu caminho para o lugar em que está a impressão do objeto [383] que admiramos, que ela às vezes impele todos para lá e os faz se ocuparem tanto em conservar essa impressão, que não há nenhum que passe para os músculos nem que se desvie de alguma maneira das primeiras pegadas que seguiu no cérebro: isso faz que todo o corpo se mantenha imóvel como uma estátua e que não se possa observar do objeto senão a primeira face apresentada, nem por conseguinte adquirir dele um conhecimento mais particular. É isso que se chama comumente estar espantado; e o espanto é um excesso de admiração que nunca pode deixar de ser mau.

Art. 74. Para que servem todas as paixões e a que elas fazem mal

Ora, pelo que foi dito acima, é fácil saber que a utilidade de todas as paixões consiste apenas em fortalecerem e fazerem durar na alma pensamentos que é bom ela conservar e que, de outro modo, poderiam facilmente ser apagados. Assim também todo o mal que elas podem causar consiste em fortalecerem e conservarem esses pensamentos mais do que o necessário ou em fortalecerem e conservarem outros nos quais não é bom se deter.

Art. 75. Para que serve particularmente a admiração

E pode-se dizer particularmente da admiração que ela é útil uma vez que nos faz aprendermos e retermos na memória as coisas que antes ignorávamos. Pois só admiramos o que nos parece raro e extraordinário; e nada nos pode parecer assim senão porque o ignorávamos ou até mesmo porque é diferente das coisas que sabíamos; pois é essa diferença que nos faz chamá-lo extraordinário. Ora, ainda que uma coisa que nos era desconhecida se apresente de novo a nosso entendimento ou a nossos sentidos, nem por isso a retemos em nossa memória, a não ser que a ideia que tínhamos dela seja fortalecida em nosso cérebro por alguma paixão ou então pela aplicação de nosso entendimento, o qual nossa vontade determina a uma atenção e reflexão particular. E as outras paixões podem servir para fazer que se notem as coisas que parecem boas ou más, mas apenas temos admiração pelas que somente parecem raras. Também vemos que aqueles que não têm nenhuma inclinação natural para essa paixão são geralmente muito ignorantes. [385]

Art. 76. Em que ela pode prejudicar, e como se pode suprir sua falta e corrigir seu excesso

Mas com muito mais frequência acontece admirarmos em demasia e nos espantarmos ao perceber coisas que merecem pouco ou não merecem ser consideradas do que admirarmos demasiado pouco. E isso pode eliminar ou perverter inteiramente o uso da razão. Por isso, ainda que seja bom ter nascido com alguma inclinação para essa paixão, porque nos dispõe à aquisição das ciências, devemos tentar depois nos desvencilhar o máximo possível. Pois é fácil suprir sua falta por reflexão e atenção particular, à qual nossa vontade sempre pode obrigar nosso entendimento quando julgamos que a coisa que se apresenta vale a pena; mas não há outro remédio para impedir-se de admirar em excesso senão o de adquirir o conhecimento de várias coisas e exercer a consideração de todas as que podem parecer as mais raras e mais estranhas.

Art. 77. Que nem os mais estúpidos nem os mais hábeis são os mais impelidos à admiração

De resto, embora não apenas os tolos e estúpidos não sejam levados por sua natureza [386] à admiração, não se pode dizer que os que têm mais espírito sejam sempre os mais inclinados a ela; mas são principalmente aqueles que, ainda que tenham um senso comum bastante bom, não têm grande apreço por sua suficiência.

Art. 78. Que seu excesso pode transformar-se em hábito quando não é corrigido

E ainda que essa paixão pareça diminuir pelo uso, porque, quanto mais encontramos coisas raras que admiramos, mais nos acostumamos a deixar de admirá-las e a pensar que todas as que possam apresentar-se depois são vulgares, todavia, quando ela é excessiva e nos faz deter a atenção apenas na primeira imagem dos objetos que se apresentam, sem adquirir deles outro conhecimento, ela deixa atrás de si um hábito que dispõe a alma a se deter da mesma maneira em todos os outros objetos que se apresentam, contanto que lhe pareçam novos, por pouco que seja. E é isso que faz durar a doença daqueles que são cegamente curiosos, ou seja, que buscam as raridades só para admirá-las e não para conhecê-las: pois tornam-se aos poucos tão admirativos que coisas de nenhuma importância não são menos capazes de detê-los do que aquelas cuja busca é mais útil. [387]

Art. 79. As definições do amor e do ódio

O amor é uma emoção da alma causada pelo movimento dos espíritos que a incita a se unir por sua vontade aos objetos que lhe parecem convenientes. E o ódio é uma emoção causada pelos espíritos que incita a alma a querer estar separada dos objetos que se apresentam a ela como prejudiciais. Digo que essas emoções são causadas pelos espíritos a fim de distinguir o amor e o ódio, que são paixões e dependem do corpo, tanto dos julgamentos que também levam a alma a se unir por vontade com as coisas que ela estima serem boas e a se separar das que estima serem más como das emoções que só esses julgamentos excitam na alma.

Art. 80. O que é unir-se ou separar-se por vontade

De resto, com a palavra vontade aqui não entendo falar do desejo, que é uma paixão à parte e se refere ao futuro; mas do consentimento pelo qual nos consideramos a partir de agora unidos ao que amamos, de tal modo que imaginamos um todo do qual pensamos ser apenas uma parte e a coisa amada uma outra. E no ódio, ao contrário, nos consideramos apenas como um todo inteiramente separado da coisa pela qual temos aversão. [388]

Art. 81. Da distinção que se costuma fazer entre o amor de concupiscência e de benevolência

Ora, comumente distinguem-se duas espécies de amor, uma das quais é denominada amor de benevolência, ou seja, que incita a querer bem o que se ama; a outra é denominada amor de concupiscência, ou seja, que faz desejar a coisa que se ama. Mas parece-me que essa distinção diz respeito apenas aos efeitos do amor e não à sua essência; pois, uma vez que nos unimos por vontade a algum objeto, seja qual for sua natureza, temos por ele benevolência, ou seja, unimos também a ele por vontade as coisas que acreditamos lhe serem convenientes; é um dos principais efeitos do amor. E, se julgamos que é um bem possuí-lo ou estar associado a ele de outra maneira que não por vontade, nós o desejamos: o que também é um dos efeitos mais comuns do amor.

Art. 82. Como paixões muito diferentes combinam por participarem do amor

Também não é necessário distinguir tantas espécies de amor quantos são os diversos objetos que se podem amar; pois, por exemplo, ainda que as paixões que um ambicioso tem pela glória, um avarento pelo dinheiro [389], um beberrão pelo vinho, um bruto por uma mulher que ele quer violentar, um homem honrado por seu amigo ou por sua amada e um bom pai por seus filhos sejam diferentes entre si, por participarem do amor, todavia, elas são semelhantes. Mas os quatro primeiros só têm amor pela posse dos objetos aos quais se refere sua paixão e não o têm pelos próprios objetos, pelos quais têm apenas desejo mesclado a outras paixões particulares. Ao passo que o amor que um bom pai tem pelos filhos é tão puro que ele nada deseja ter deles e não quer possuí-los de modo diferente do que o faz nem ser unido a eles mais intimamente do que já é; mas, considerando-os como outros si mesmo, busca o bem deles como o seu próprio, ou até mesmo com mais cuidado, porque, representando que ele e os filhos formam um todo do qual ele não é a melhor parte, muitas vezes prefere os interesses deles aos seus e não teme perder-se para salvá-los. A afeição que os homens honrados têm por seus amigos é dessa mesma natureza, embora raramente seja tão perfeita; e a que têm pela amada participa muito dela, mas também participa um pouco da outra.

Art. 83. Da diferença que existe entre a simples afeição, a amizade e a devoção

Parece-me que, com melhor razão, pode-se [390] distinguir o amor pela estima que se tem pelo que se ama, em comparação consigo mesmo. Pois, quando se tem pelo objeto de seu amor menos estima do que por si, tem-se por ele uma simples afeição; quando se tem por ele a mesma estima que por si, isso se chama amizade; e, quando se tem mais estima, a paixão que se tem pode ser denominada devoção. Assim, pode-se ter afeição por uma flor, por um pássaro, por um cavalo; mas, a menos que se tenha o espírito muito desregrado, só se pode ter amizade por homens. E, tanto eles são objeto dessa paixão, que não há homem tão imperfeito que não se possa ter por ele uma amizade muito perfeita quando se pensa que se é amado por ele e se tem a alma verdadeiramente nobre e generosa, conforme será explicado adiante nos artigos 154 e 156. Quanto à devoção, seu principal objeto é sem dúvida a soberana Divindade, da qual não se pode deixar de ser devoto quando se a conhece como se deve; mas pode-se também ter devoção por seu príncipe, por seu país, por sua cidade e até por um homem particular, quando se o estima mais do que a si. Ora, a diferença que há entre essas três espécies de amor aparece principalmente por seus efeitos; pois, uma vez que em todas nos consideramos ligados e unidos à coisa amada, estamos sempre prontos a abandonar a menor parte do todo que compomos com ela para conservar a outra; isso faz que na simples afeição sempre nos prefiramos àquilo que amamos e que, ao contrário, na devoção prefiramos de tal modo a coisa amada a nós mesmos que não tememos morrer para conservá-la. Disso frequentemente vimos exemplos [391] naqueles que se expuseram a uma morte certa pela defesa de seu príncipe ou de sua cidade, e até mesmo, às vezes, também por pessoas em particular às quais se tinham devotado.

Art. 84. Que não há tantas espécies de ódio quantas de amor

De resto, embora o ódio seja diretamente oposto ao amor, não se distinguem nele tantas espécies, porque não se nota tanto a diferença entre os males dos quais nos separamos por vontade quanto entre os bens aos quais estamos unidos.

Art. 85. Do agrado e do horror

E só encontro uma distinção considerável que seja semelhante em ambos. Ela consiste em que os objetos tanto do amor como do ódio podem ser representados para a alma pelos sentidos exteriores ou pelos interiores e por nossa própria razão. Pois comumente chamamos de bem ou mal o que nossos sentidos interiores ou nossa razão nos fazem julgar conveniente ou contrário à nossa natureza; mas chamamos de belo ou feio o que nos é assim representado por nossos sentidos exteriores, principalmente pelo da visão, que é o único mais considerado do que todos os outros. Daí nascem duas espécies de amor, ou seja, a que se tem pelas coisas boas e a que se tem pelas coisas belas, à qual se pode dar o nome de agrado, a fim de não a confundir com a outra, tampouco com o desejo ao qual frequentemente se atribui o nome de amor; e daí nascem, do mesmo modo, duas espécies de ódio, uma das quais se refere às coisas más, a outra às coisas feias;

e esta última pode ser chamada de horror ou aversão, para distingui-la. Mas o que há aqui de mais notável é que essas paixões, agrado e horror, costumam ser mais violentas do que as outras espécies de amor ou de ódio, porque o que vem à alma pelos sentidos a toca mais intensamente do que aquilo que lhe é representado pela sua razão, e que todavia elas geralmente têm menos verdade; de modo que, de todas as paixões, são as que mais enganam e que mais ciosamente devemos evitar. [393]

Art. 86. A definição do desejo

A paixão do desejo é uma agitação da alma causada pelos espíritos que a dispõe a querer para o futuro a coisas que ela se representa como convenientes. Assim, não se deseja somente a presença do bem ausente, mas também a conservação do presente e, além disso, a ausência do mal, tanto daquele que já se tem como daquele que se acredita poder receber no tempo futuro.

Art. 87. O que é uma paixão que não tem contrário

Bem sei que comumente, na Escola, opõe-se a paixão que tende à busca do bem, a única que se denomina desejo, à que tende à fuga do mal, a qual se denomina aversão. Mas, uma vez que não há nenhum bem cuja privação não seja um mal nem nenhum mal considerado como coisa positiva cuja privação não seja um bem, e uma vez que buscando as riquezas, por exemplo, foge-se necessariamente da pobreza, fugindo das doenças busca-se a saúde, e assim por diante, parece-me que é sempre um mesmo movimento que leva à busca do bem e, junto, à fuga do mal que lhe é contrário. Noto aqui apenas a diferença de que o desejo que se tem quando se tende para algum bem é acompanhado de amor e em seguida de amor e de alegria; ao passo que o mesmo desejo, quando se tende a se distanciar do mal contrário a esse bem, é acompanhado de ódio, de temor e de tristeza; essa é a causa pela qual julgamos que ele é contrário a nós mesmos. Mas, se quisermos considerá-lo quando se refere igualmente, ao mesmo tempo, a algum bem para buscá-lo, e ao mal oposto para evitá-lo, podemos ver muito evidentemente que é uma só paixão que faz um e outro. [394]

Art. 88. Quais são suas diversas espécies

Haveria mais razão para distinguir o desejo em tantas espécies diversas quantos são os diversos objetos que se procuram; pois, por exemplo, a curiosidade, que não é senão um desejo de conhecer, difere muito do desejo de glória e este do desejo de vingança, e assim por diante. Mas aqui é suficiente saber que eles são tantos quantas são as espécies de amor ou de ódio e que os mais consideráveis e os mais fortes são os que nascem do agrado e do horror.

Art. 89. Qual é o desejo que nasce do horror

Ora, embora seja um mesmo desejo que tende à busca de um bem e à fuga do mal que lhe é contrário, tal como foi dito, o desejo que nasce do agrado não deixa de ser muito diferente do que nasce do horror. Pois esse agrado e esse horror, que verdadeiramente são contrários, não são o bem e o mal que servem de objeto a esses desejos, mas apenas duas emoções da alma que a dispõem a buscar duas coisas muito diferentes, ou seja: o horror é instituído pela natureza para representar para a alma uma morte súbita e inopinada, de tal modo que, ainda que às vezes não seja mais do que o toque de uma minhoca ou [395] o ruído de uma folha trêmula, ou sua sombra, que faz ter horror, sente-se primeiro tanta emoção como se um perigo de morte muito evidente se oferecesse aos sentidos, o que faz nascer subitamente a agitação que leva a alma a empregar todas as suas forças para evitar um mal tão presente; e é essa espécie de desejo que comumente se chama de fuga ou aversão.

Art. 90. Qual é o que nasce do agrado

Ao contrário, o agrado é particularmente instituído pela natureza para representar a fruição do que agrada como o maior de todos os bens que pertencem ao homem, o que faz que se deseje ardentemente essa fruição. É verdade que há diversas espécies de agrado e que os desejos que nascem delas não têm todos a mesma força. Pois, por exemplo, a beleza das flores incita-nos apenas a olhá-las e a das frutas a comê-las. Mas o principal é o que vem das perfeições que imaginamos numa pessoa que pensamos poder tornar-se um outro nós mesmos, pois, com a diferença do sexo, que a natureza pôs nos homens assim como nos animais sem razão, ela pôs também certas impressões no cérebro que fazem que numa certa idade e num certo momento que nos consideremos defeituosos e como se fôssemos apenas a metade de um todo do qual uma pessoa do outro sexo deve ser a outra metade, de tal modo que [396] a aquisição dessa metade é confusamente representada pela natureza como o maior de todos os bens imagináveis. E, ainda que vejamos várias pessoas desse outro sexo, nem por isso desejamos várias ao mesmo tempo, uma vez que a natureza não faz imaginar que tenhamos necessidade de mais de uma metade. Mas, quando notamos alguma coisa em uma que agrada mais do que aquilo que notamos ao mesmo tempo nas outras, isso determina a alma a sentir unicamente por aquela toda a inclinação que a natureza lhe dá de buscar o bem que ela lhe representa como o maior que se possa possuir; e essa inclinação ou esse desejo que assim nasce do agrado recebe o nome de amor mais comumente do que a paixão amor que foi descrita acima. Também ele tem efeitos mais estranhos e é ele que serve de matéria principal para os fazedores de romances e para os poetas.

Art. 91. A definição da alegria

A alegria é uma emoção agradável da alma, na qual consiste a fruição que ela tem do bem que as impressões do cérebro lhe representam como seu. Digo que é nessa emoção que consiste a fruição do bem; pois de fato a alma não recebe nenhum outro fruto de todos os bens que ela possui; e, enquanto não obtém deles nenhuma alegria, pode-se dizer que ela não frui deles mais do que [397] se não os possuísse. Acrescento também que é do bem que as impressões do cérebro lhe representam como seu, a fim de não confundir essa alegria, que é uma paixão, com a alegria puramente intelectual, que vem à alma unicamente por ação da alma e que podemos dizer que é uma agradável emoção excitada nela mesma, por ela mesma, na qual consiste a fruição que ela tem do bem que seu entendimento lhe representa como seu. É verdade que enquanto a alma está unida ao corpo essa alegria intelectual não pode deixar de ser acompanhada por aquela que é uma paixão; pois, assim que nosso entendimento percebe que possuímos algum bem, ainda que esse bem possa ser tão diferente de tudo o que pertence ao corpo que não seja de modo algum imaginável, a imaginação não deixa de fazer imediatamente alguma impressão no cérebro, da qual se segue o movimento dos espíritos que excita a paixão da alegria.

Art. 92. A definição da tristeza

A tristeza é uma languidez desagradável na qual consiste o incômodo que a alma recebe do mal ou da falha que as impressões do cérebro lhe representam como pertencendo a ela. E há também uma tristeza intelectual que não é a paixão, mas que não deixa de ser acompanhada por ela. [398]

Art. 93. Quais são as causas dessas duas paixões

Ora, quando a alegria ou a tristeza intelectual excita assim a que é uma paixão, sua causa é bastante evidente; e vê-se por suas definições que a alegria vem da opinião que se tem de possuir algum bem, e a tristeza, da opinião que se tem de ter algum mal ou alguma falha. Mas com frequência acontece nos sentirmos tristes ou alegres sem que possamos notar distintamente o bem ou o mal que o causam, ou seja, quando esse bem ou esse mal produzem suas impressões no cérebro sem intermediação da alma, às vezes porque pertencem apenas ao corpo e às vezes também, embora pertençam à alma, porque ela não os considera como bem e mal, mas de alguma outra forma cuja impressão está unida à do bem e do mal no cérebro.

Art. 94. Como essas paixões são excitadas por bens e por males que só se referem ao corpo e em que consistem a cócega e a dor

Assim, quando estamos em plena saúde e o tempo está mais sereno do que de costume, sentimos em nós um contentamento que não vem de nenhuma função do entendimento, mas apenas das impressões que o movimento dos espíritos [399] faz no cérebro; e nos sentimos tristes da mesma maneira quando o corpo está indisposto, ainda que não saibamos que está. Assim, a cócega é seguida de tão perto pela alegria, e a dor pela tristeza, que a maioria dos homens não as distingue. Todavia, são tão diferentes que às vezes podemos sentir dores com alegria e receber cócegas que desagradam. Mas a causa que geralmente faz a alegria seguir-se à cócega é que tudo o que denominamos cócega ou sentimento agradável consiste em que os objetos dos sentidos excitam algum movimento nos nervos que seria capaz de prejudicá-los se eles não tivessem força suficiente para lhe resistir ou se o corpo não estivesse bem-disposto. Isso produz uma impressão no cérebro que, sendo instituída pela natureza para certificar essa boa disposição e essa força, a representa para a alma como um bem que lhe pertence, uma vez que ela é unida ao corpo, e assim excita nela a alegria. É quase a mesma razão que faz que tenhamos prazer naturalmente em nos sentirmos comover por todas as espécies de paixões, mesmo pela tristeza e pelo ódio, quando essas paixões são causadas apenas pelas aventuras estranhas que vemos representadas num teatro ou por outros motivos parecidos, que, não podendo nos prejudicar de modo nenhum, parecem incitar nossa alma tocando-a. E a causa que faz a dor geralmente produzir a tristeza é que o sentimento que denominamos dor vem sempre de alguma ação tão violenta que ela ofende os nervos; de modo que, sendo [400] instituído pela natureza para significar para a alma o dano que o corpo recebe por essa ação e sua fraqueza uma vez que não pôde lhe resistir, ele lhe representa ambos como males que sempre lhe são desagradáveis, exceto quando causam alguns bens que ela estima mais do que eles.

Art. 95. Como elas também podem ser excitadas por bens e males que a alma não nota, ainda que pertençam a ela; como são o prazer que se tem em se aventurar ou em lembrar o mal passado

Assim, o prazer que com frequência os jovens têm em empreender coisas difíceis e se expor a grandes perigos, mesmo que não esperem disso nenhum proveito nem glória, vem-lhes do fato de que o pensamento que têm de que o que empreendem é difícil produz no cérebro uma impressão que, unida à que poderiam formar se pensassem que é um bem sentir-se bastante corajoso, bastante feliz, bastante hábil ou bastante forte para ousar aventurar-se a tal ponto, é causa de terem prazer nisso. E a satisfação que têm os velhos quando se lembram dos males que sofreram vem do fato de se representarem que é um bem terem, apesar disso, conseguido subsistir. [401]

Art. 96. Quais são os movimentos do sangue e dos espíritos que causam as cinco paixões precedentes

As cinco paixões que comecei a explicar aqui estão tão unidas ou opostas umas às outras que é mais fácil considerá-las todas juntas do que tratar de cada uma separadamente, tal como se tratou da admiração; e a causa delas não é como a sua apenas no cérebro, mas também no coração, no baço, no fígado e em todas as outras partes do corpo, uma vez que elas servem para a produção do sangue e em seguida dos espíritos. Pois, embora todas as veias conduzam o sangue que contêm para o coração, às vezes acontece, entretanto, o sangue de algumas ser impelido com mais força que o das outras; e acontece também as aberturas por onde ele entra no coração, ou aquelas por onde sai dele serem algumas vezes mais largas ou mais estreitas do que outras.

Art. 97. As principais experiências que servem para conhecer esses movimentos no amor

Ora, considerando as diversas alterações que a experiência mostra em nosso corpo enquanto nossa alma [402] é agitada por diversas paixões, noto no amor, quando está só, ou seja, quando não acompanhado por nenhuma grande alegria, ou desejo, ou tristeza, que o batimento do pulso é regular e muito maior e mais forte do que de costume; que se sente um doce calor no peito e que a digestão dos alimentos se faz muito prontamente no estômago, de modo que essa paixão é útil à saúde.

Art. 98. No ódio

Noto no ódio, ao contrário, que o pulso é irregular e menor, e, com frequência, mais rápido; que se sentem frios entremeados de não sei que calor áspero e picante no peito; que o estômago para de fazer seu ofício e tende a vomitar e rejeitar os alimentos ingeridos, ou pelo menos a corrompê-los e transformá-los em maus humores.

Art. 99. Na alegria

Na alegria, que o pulso é regular e mais rápido do que o comum, mas não tão forte ou tão grande quanto no amor; e que se sente um calor agradável que não é apenas no peito, mas que também se espalha por todas as partes exteriores do corpo com o sangue [403] que se vê chegar a elas em abundância; e que, entretanto, às vezes se perde o apetite, porque a digestão se faz menos do que de costume.

Art. 100. Na tristeza

Na tristeza, que o pulso é fraco e lento e que se sentem como que laços em torno do coração, que o apertam, e pedras de gelo que o gelam e comunicam seu frio ao resto do corpo; e que, entretanto, não se deixa de ter, às vezes, bom apetite e de sentir que o estômago não para de fazer seu dever, desde que não haja ódio misturado à tristeza.

Art. 101. No desejo

Enfim, noto no desejo a particularidade de que ele agita o coração mais violentamente do que qualquer uma das outras paixões e fornece ao cérebro mais espíritos, os quais, indo de lá para os músculos, tornam todos os sentidos mais aguçados e todas as partes do corpo mais móveis.

Art. 102. O movimento do sangue e dos espíritos no amor

Essas observações, e muitas outras que seriam muito longas para escrever, deram-me motivo para julgar que [404], quando o entendimento se representa algum objeto de amor, a impressão que esse pensamento produz no cérebro leva os espíritos animais, pelos nervos do sexto par, para os músculos que há em torno dos intestinos e do estômago, da maneira necessária para fazer que o suco dos alimentos, que se transforma em sangue novo, passe prontamente para o coração sem se deter no fígado e que, sendo aí impelido com mais força do que o sangue que está nas outras partes do corpo, ele entre em maior abundância e lá excite um calor mais forte, porque é mais grosso do que aquele que já foi rarefeito várias vezes ao passar e repassar pelo coração. Isso faz com que ele também envie espíritos para o cérebro, cujas partes são maiores e mais agitadas do que comumente; e esse espíritos, fortalecendo a impressão que o primeiro pensamento do objeto amável lá produziu, obrigam a alma a se deter nesse pensamento; e é nisso que consiste a paixão do amor.

Art. 103. No ódio

Ao contrário, no ódio, o primeiro pensamento do objeto que dá aversão conduz de tal modo os espíritos que estão no cérebro para os músculos do estômago e dos intestinos que eles impedem que o suco dos alimentos se misture com o sangue, cerrando todas as aberturas pelas quais ele costuma escoar; e também os conduz de tal modo [405] para os pequenos nervos do baço e da parte inferior do fígado, onde está o receptáculo da bile, que as partes do sangue que costumam ser lançadas para esses lugares saem deles e correm com o que está dentro das ramificações da veia cava para o coração; isso causa muitas irregularidades em seu calor, tanto que o sangue que vem do baço quase não se aquece nem se rarefaz e, ao contrário, o que vem da parte inferior do fígado, onde sempre há o fel, se abrasa e se dilata muito prontamente. Disso segue-se que os espíritos que vão para o cérebro também têm partes muito desiguais e movimentos muito extraordinários; daí vem que eles fortaleçam as ideias de ódio já impressas ali e disponham a alma a pensamentos cheios de azedume e amargor.

Art. 104. Na alegria

Na alegria os nervos que agem não são tanto os do baço, do fígado, do estômago ou dos intestinos, mas os que estão em todo o resto do corpo e particularmente o que está em torno dos orifícios do coração, que, abrindo e ampliando esses orifícios, dá meios ao sangue, que os outros nervos fazem sair das veias para o coração, de entrar nele e sair em maior quantidade que de costume. E, porque o sangue que entra então no coração já passou e repassou por ele várias vezes, vindo das artérias para as veias, ele se dilata muito facilmente e [406] produz espíritos cujas partes, sendo muito iguais e sutis, são próprias para formar e fortalecer as impressões do cérebro que dão à alma pensamentos alegres e tranquilos.

Art. 105. Na tristeza

Na tristeza, ao contrário, as aberturas do coração são muito contraídas pelo pequeno nervo que as cerca, e o sangue das veias não é agitado de modo nenhum, o que faz que ele vá muito pouco para o coração; e, entretanto, as passagens por onde o suco dos alimentos correm do estômago e dos intestinos para o fígado permanecem abertas, o que faz que o apetite não diminua, exceto quando o ódio, frequentemente unido à tristeza, as fecha.

Art. 106. No desejo

Enfim, a paixão do desejo tem como próprio o fato de a vontade que se tem de obter algum bem ou fugir de algum mal enviar prontamente os espíritos do cérebro para todas as partes do corpo que podem servir às ações exigidas para isso, e particularmente para o coração e as partes que mais lhe fornecem sangue, a fim de que, recebendo maior abundância do que de costume, ele envie maior quantidade de espíritos para o [407] cérebro, tanto para manter e fortalecer nele a ideia dessa vontade como para passar de lá para todos os órgãos dos sentidos e todos os músculos que podem ser empregados para obter o que se deseja.

Art. 107. Qual a causa desses movimentos no amor

E deduzo as razões de tudo isso do que foi dito acima, que há tal ligação entre nossa alma e nosso corpo que, uma vez que unimos alguma ação corporal a algum pensamento, um dos dois não se apresenta a nós depois de o outro apresentar-se também. Como vemos naqueles que, estando doentes, tomaram com grande aversão alguma beberagem e que depois não podem beber nem comer nada que se aproxime de seu gosto sem terem novamente a mesma aversão; e, igualmente, que não podem pensar na aversão que têm a remédios, sem que o mesmo gosto lhes volte ao pensamento. Pois parece-me que as primeiras paixões que nossa alma teve quando começou a se unir a nosso corpo deveram-se a que às vezes o sangue, ou outro suco que entrava no coração, era um alimento mais conveniente do que o comum para manter nele o calor, que é o princípio da vida; por causa disso a alma juntava a si, por vontade, esse alimento, ou seja, ela o amava, e ao mesmo tempo os [408] espíritos corriam do cérebro para os músculos, que podiam pressionar ou agitar as partes de onde ele viera para o coração, para fazê-las enviar mais; e essas partes eram o estômago e os intestinos, cuja agitação aumenta o apetite, ou também o fígado e o pulmão, que os músculos do diafragma podem pressionar. Por isso esse mesmo movimento dos espíritos sempre acompanhou, desde então, a paixão do amor.

Art. 108. No ódio

Às vezes, ao contrário, vinha para o coração algum suco estranho, que não era próprio para manter o calor ou até que podia extingui-lo; por isso os espíritos que subiam do coração ao cérebro excitavam na alma a paixão do ódio. E, ao mesmo tempo, esses espíritos também iam do cérebro para os nervos que podiam impelir sangue do baço e das pequenas veias do fígado para o coração, para impedir que esse suco prejudicial entrasse nele, e também para aqueles que podiam repelir esse mesmo suco para os intestinos e o estômago, ou então, às vezes, obrigar o estômago a vomitá-lo. Daí vem que esses mesmos movimentos costumem acompanhar a paixão do ódio. E pode-se ver a olho nu que há no fígado uma quantidade de veias ou condutos bastante grandes por onde o suco dos alimentos pode passar da veia porta para a veia cava e de lá para o coração, sem se deter de modo nenhum no fígado; mas que há também uma infinidade de outras menores em que ele pode se deter e que sempre contêm sangue de reserva, tal como faz também o baço; esse sangue, sendo mais grosso do que o das outras partes do corpo, pode servir melhor de alimento ao fogo que há no coração quando o estômago e os intestinos deixam de fornecê-lo a ele.

Art. 109. Na alegria

Também às vezes aconteceu no começo de nossa vida o sangue contido nas veias ser um alimento bastante conveniente para manter o calor do coração e elas o conterem em quantidade tal que não havia necessidade de extrair nenhum alimento de outro lugar. Isso excitou na alma a paixão da alegria e, ao mesmo tempo, fez que os orifícios do coração se tenham aberto mais do que de costume e que os espíritos, correndo abundantemente do cérebro, não apenas para os nervos que servem para abrir esses orifícios, mas também geralmente para todos os outros que impelem o sangue das veias para o coração, impedissem que ele lhe chegasse de novo do fígado, do baço, dos intestinos e do estômago. Por isso esses mesmos movimentos acompanham a alegria. [410]

Art. 110. Na tristeza

Às vezes, ao contrário, aconteceu o corpo ter falta de alimento, e é isso que deve ter feito a alma sentir sua primeira tristeza, pelo menos aquela que não se uniu ao ódio. Também isso fez que os orifícios do coração se tenham estreitado, por só receberem pouco sangue e por uma parte bastante notável desse sangue vir do baço, que é como que o último reservatório que serve para fornecê-lo ao coração quando não lhe vem o suficiente de outro lugar. Por isso os movimentos dos espíritos e dos nervos que servem para assim estreitar os orifícios do coração e levarem para ele sangue do baço sempre acompanham a tristeza.

Art. 111. No desejo

Enfim, todos os primeiros desejos que a alma pode ter tido quando recentemente unida ao corpo foram receber as coisas que lhe eram convenientes e repelir as que lhe eram danosas. E foi por esses próprios efeitos que os espíritos começaram então [411] a mover todos os músculos e todos os órgãos dos sentidos de todas as maneiras pelas quais os podem mover. Por isso agora, quando a alma deseja alguma coisa, todo o corpo se torna mais ágil e mais disposto a se mover do que costuma ser sem isso. E, quando acontece, aliás, o corpo estar assim disposto, isso torna os desejos da alma mais fortes e mais ardentes.

Art. 112. Quais são os sinais exteriores dessas paixões

O que afirmei aqui faz entender bem a causa das diferenças do pulso e de todas as outras propriedades que atribuí acima a essas paixões, sem que haja necessidade de me deter para as explicar mais. Mas, porque somente notei em cada uma o que se pode observar quando ela está só e que serve para conhecer os movimentos do sangue e dos espíritos que as produzem, resta-me ainda tratar de vários sinais exteriores que costumam acompanhá-las e que se notam bem melhor quando estão misturadas várias juntas, tal como costumam estar, do que quando estão separadas. Os principais desses sinais são as ações dos olhos e do rosto, as mudanças de cor, os tremores, o langor, o desfalecimento, os risos, as lágrimas, os gemidos e os suspiros. [412]

Art. 113. Das ações dos olhos e do rosto

Não há nenhuma paixão que alguma ação particular dos olhos não declare: e isso é tão manifesto em algumas que mesmo os criados conseguem notar pelo olho do patrão se ele está zangado com eles ou não. Mas, ainda que se percebam facilmente essas ações dos olhos e que se saiba o que significam, nem por isso é fácil descrevê-las, porque cada uma é composta por várias mudanças que acontecem no movimento e na aparência do olho, tão particulares e tão pequenas que cada uma delas só pode ser percebida separadamente, embora o que resulta de sua conjunção seja muito fácil de notar. Pode-se dizer quase o mesmo das ações do rosto que também acompanham as paixões; pois, ainda que sejam maiores do que as dos olhos, é difícil distingui-las, e elas são tão diferentes que há homens que quando choram fazem quase a mesma expressão que outros quando riem. É verdade que há algumas que são bastante notáveis, como as rugas da testa, na cólera, e alguns movimentos do nariz e dos lábios na indignação e na zombaria; mas elas não parecem tanto ser naturais quanto voluntárias. E geralmente todas as ações, tanto do rosto como dos olhos, podem ser alteradas pela alma quando, querendo [413] esconder sua paixão, ela imagina intensamente uma paixão contrária, de modo que é possível servir-se dela tanto para dissimular suas paixões quanto para declará-las.

Art. 114. Das mudanças de cor

Não é fácil poder impedir-se de enrubescer ou de empalidecer quando alguma paixão dispõe a isso, porque essas mudanças não dependem dos nervos e dos músculos, como as precedentes, e vêm mais imediatamente do coração, que se pode denominar a fonte das paixões, uma vez que ele prepara o sangue e o espíritos para produzi-las. Ora, é certo que a cor do rosto vem apenas do sangue, que, correndo continuamente do coração pelas artérias para todas as veias e de todas as veias para o coração, colore o rosto mais ou menos, conforme encha mais ou menos as pequenas veias que vão para sua superfície.

Art. 115. Como a alegria faz enrubescer

Assim a alegria torna a cor mais viva e mais vermelha porque, abrindo as eclusas do coração, ela faz que o sangue corra mais depressa em todas as veias e que, tornando-se mais quente e mais sutil, ele infle medianamente todas as partes do rosto, cuja aparência se torna mais sorridente e mais satisfeita. [414]

Art. 116. Como a tristeza faz empalidecer

A tristeza, ao contrário, estreitando os orifícios do coração, faz que o sangue corra mais lentamente nas veias e que, tornando-se mais frio e mais espesso, ele tenha necessidade de ocupar menos espaço; de modo que, retirando-se para as maiores, que são as mais próximas do coração, ele deixa as mais distantes, sendo as do rosto as mais visíveis, o que o faz parecer pálido e descarnado, principalmente quando a tristeza é grande ou sobrevém subitamente, como se vê no pavor, em que a surpresa aumenta a ação que aperta o coração.

Art. 117. Como frequentemente se enrubesce estando triste

Mas frequentemente acontece não empalidecermos estando tristes e, ao contrário, enrubescermos. Isso deve ser atribuído às outras paixões que se unem à tristeza, ou seja, ao amor ou ao desejo e às vezes, também, ao ódio. Pois essas paixões, aquecendo ou agitando o sangue que vem do fígado, dos intestinos e das outras partes interiores, impelem-no para o coração e de lá, pela grande artéria, para as veias do rosto, sem que a tristeza, que aperta de ambas as partes os orifícios do coração, possa impedi-lo, exceto quando ela é muito [415] excessiva. Mas, ainda que seja apenas mediana, facilmente ela impede que o sangue que assim chega às veias do rosto desça para o coração, enquanto o amor, o desejo ou o ódio impelem para ele outro sangue das partes interiores. Por isso esse sangue, sendo detido em torno da face, torna-a vermelha e até mais vermelha do que na alegria, porque a cor do sangue aparece tanto mais quanto ele corre menos depressa e também porque ele pode assim se juntar mais nas veias da face do que quando os orifícios do coração estão mais abertos. Isso aparece principalmente na vergonha, que é composta pelo amor a si mesmo e por um desejo premente de evitar a infâmia presente, o que faz o sangue vir das partes interiores para o coração e depois, pelas artérias, para a face, e com isso de uma tristeza mediana que impede esse sangue de retornar para o coração. O mesmo também acontece comumente quando choramos; pois, como direi adiante, é o amor unido à tristeza que causa a maior parte das lágrimas. E o mesmo aparece na cólera, em que frequentemente um súbito desejo de vingança se mistura ao amor, ao ódio e à tristeza.

Art. 118. Dos tremores

Os tremores têm duas causas diversas: uma é que às vezes vêm muito poucos espíritos do cérebro para os nervos, a outra, que às vezes vêm demasiados para poder fechar bem as pequenas passagens [416] dos músculos que, conforme foi dito no artigo 11, devem estar fechadas para determinar os movimentos dos membros. A primeira causa aparece na tristeza e no medo, bem como quando trememos de frio, pois essas paixões podem, assim como o frio do ar, espessar o sangue de tal modo que ele não fornece espíritos suficientes ao cérebro para enviá-los para os nervos. A outra causa aparece com frequência naqueles que desejam ardentemente alguma coisa e naqueles que estão intensamente comovidos de cólera, assim como naqueles que estão embriagados: pois essas duas paixões, tal como o vinho, às vezes fazem ir tantos espíritos para o cérebro que eles não podem ser conduzidos regularmente de lá para os músculos.

Art. 119. Da languidez

A languidez é uma disposição para se afrouxar e ficar sem movimento, sentida em todos os membros; ela provém, tal como o tremor, do fato de não irem espíritos suficientes para os nervos, mas de maneira diferente. Pois a causa do tremor é não haver espíritos suficientes no cérebro para obedecer às determinações da glândula quando ela os impele para algum músculo, ao passo que a languidez provém do fato de que a glândula não lhes determina irem para certos músculos em vez de para outros. [417]

Art. 120. Como ela é causada pelo amor e pelo desejo

E a paixão que mais comumente causa esse efeito é o amor, unida ao desejo de uma coisa cuja aquisição não é imaginada como possível no momento presente; pois o amor ocupa tanto a alma em considerar o objeto amado que ela emprega todos os espíritos que estão no cérebro para representarem a imagem dele e detém todos os movimentos da glândula que não servem para esse efeito. E deve-se notar, quanto ao desejo, que a propriedade que lhe atribuí de tornar o corpo mais móvel só lhe convém quando se imagina que o objeto desejado seja tal que se possa a partir de então fazer alguma coisa que sirva para adquiri-lo; pois se, ao contrário, imagina-se que é impossível no momento fazer algo que seja útil para isso, toda a agitação do desejo permanece no cérebro, sem ir de modo nenhum para os nervos e, sendo lá inteiramente empregada para fortalecer a ideia do objeto desejado, ela deixa o resto do corpo enlanguescido.

Art. 121. Que ela também pode ser causada por outras paixões

É verdade que o ódio, a tristeza e até mesmo a alegria também podem causar alguma languidez quando são violentos, porque ocupam inteiramente a alma em considerar seu objeto, principalmente quando [418] o desejo de uma coisa para cuja aquisição não se pode contribuir em nada no momento presente está unido a ela. Mas, porque nos detemos bem mais em considerar os objetos que unimos a nós por vontade do que aqueles que separamos e quaisquer outros, e porque a languidez não depende de surpresa, mas tem necessidade de algum tempo para se formar, ela se encontra bem mais no amor do que em todas as outras paixões.

Art. 122. Do desfalecimento

O desfalecimento não está muito distante da morte, pois morremos quando o fogo que há no coração se extingue completamente, e só caímos em desfalecimento quando ele é abafado de maneira tal que ainda subsistem alguns restos de calor que depois podem reacendê-lo. Ora, há várias indisposições do corpo que podem, assim, fazer-nos cair em esmorecimento; mas entre as paixões não há senão a extrema alegria que notamos ter esse poder; e a maneira pela qual creio que ela causa esse efeito é que, abrindo extraordinariamente os orifícios do coração, o sangue das veias entra nele tão de repente e em tão grande quantidade que não pode ser rarefeito pelo calor tão prontamente para erguer as pequenas peles que fecham as entradas dessas veias: por esse meio ele abafa o fogo que costuma manter quando só entra no coração comedidamente. [419]

Art. 123. Por que não se desfalece de tristeza

Parece que uma grande tristeza que sobrevém inopinadamente deve estreitar de tal modo os orifícios do coração que ela também pode extinguir seu fogo; entretanto não se vê isso acontecer ou, se acontece, é muito raramente; creio que a razão disso é que não pode haver tão pouco sangue no coração que não seja suficiente para manter o calor quando seus orifícios estão quase fechados.

Art. 124. Do riso

O riso consiste em que o sangue que vem da cavidade direita do coração pela veia arteriosa, enchendo os pulmões subitamente e repetidamente, faz que o ar que eles contêm seja obrigado a deixá-los impetuosamente pela goela, onde forma uma voz inarticulada e explosiva; e tanto os pulmões ao se encherem como esse ar ao sair impelem todos os músculos do diafragma, do peito e da garganta, fazendo desse modo moverem-se os do rosto que têm alguma conexão com eles. E essa ação do rosto, com essa voz inarticulada e explosiva, é que chamamos de riso. [420]

Art. 125. Por que ele não acompanha as maiores alegrias

Ora, embora pareça que o riso é um dos principais sinais da alegria, ela só pode causá-lo, no entanto, quando é apenas mediana e está misturada a alguma admiração ou a algum ódio. Pois vê-se por experiência que, quando se está extraordinariamente alegre, jamais o motivo dessa alegria faz que se exploda de rir, e até mesmo não se pode ser levado a isso por qualquer outra causa, a não ser que se esteja triste; a razão disso é que, nas grandes alegrias, o pulmão está sempre tão cheio de sangue que não se pode encher mais e repetidamente.

Art. 126. Quais são suas principais causas

E só posso notar duas causas que fazem o pulmão encher assim subitamente. A primeira é a surpresa da admiração, que, estando unida à alegria, pode abrir tão prontamente os orifícios do coração que uma grande abundância de sangue, entrando de repente em seu lado direito pela veia cava, se rarefaz e, passando de lá pela veia arteriosa, enche o pulmão. A outra é a mistura de algum líquido que aumenta a rarefação do sangue. E nada encontro que seja próprio para isso exceto a [421] parte mais fluida do que vem do baço, parte do sangue esta que, sendo impelida para o coração por alguma leve emoção de ódio, ajudada pela surpresa da admiração, e lá se misturando ao sangue que vem dos outros lugares do corpo, o qual a alegria faz entrar em abundância, pode fazer que esse sangue aí se dilate mais do que comumente; da mesma maneira que se veem muitos outros líquidos se inflarem de repente, estando sobre o fogo, quando se joga um pouco de vinagre no recipiente em que estão. Pois a parte mais fluida do sangue que vem do baço e de natureza semelhante à do vinagre. A experiência também nos mostra que, em todos os encontros que podem produzir esse riso explosivo que vem do pulmão, há sempre algum pequeno motivo de ódio, ou pelo menos de admiração. E aqueles cujo baço não é bem saudável estão sujeitos a ser não apenas mais tristes, mas também, de tempos em tempos, mais satisfeitos e mais dispostos a rir do que os outros: tanto mais que o baço envia duas espécies de sangue para o coração, um muito espesso e grosso, que causa a tristeza; o outro muito fluido e sutil, que causa a alegria. E com frequência, depois de rir muito, nos sentimos naturalmente tendentes à tristeza, porque, a parte mais fluida do sangue do baço estando esgotada, a outra, mais grossa, a segue para o coração.

Art. 127. Qual é sua causa na indignação

Quanto ao riso que às vezes acompanha a indignação, geralmente é artificial e fingido. Mas, quando é [422] natural, ele parece vir da alegria por vermos que não podemos ser ofendidos pelo mal que nos indigna e, com isso, por estarmos surpresos pela novidade ou pelo encontro inopinado desse mal. De modo que a alegria, o ódio e a admiração contribuem para ele. Todavia quero crer que ele também pode ser produzido, sem nenhuma alegria, pelo simples movimento da aversão, que envia sangue do baço para o coração onde ele é rarefeito e impelido de lá para o pulmão, o qual ele enche facilmente quando o encontra quase vazio. E geralmente tudo o que pode encher o pulmão subitamente dessa maneira causa a ação exterior do riso, exceto quando a tristeza a transforma na dos gemidos e gritos que acompanham as lágrimas. A propósito disso, Vivès escreve de si mesmo que, ao ficar muito tempo sem comer, os primeiros bocados que punha na boca o obrigavam a rir; isso podia vir do fato de seu pulmão, vazio de sangue por falta de alimento, encher-se prontamente com o primeiro suco que lhe ia do estômago para o coração, e a simples imaginação de comer podia levá-lo, antes mesmo que o dos alimentos que comia lá chegassem.

Art. 128. Da origem das lágrimas

Assim como o riso nunca é causado pelas maiores [423] alegrias, tampouco as lágrimas vêm de uma grande tristeza, mas apenas daquela que é mediana e acompanhada ou seguida de algum sentimento de amor ou então de alegria. E, para bem entender sua origem, é preciso observar que, ainda que saia continuamente uma grande quantidade de vapores de todas as partes de nosso corpo, não há nenhuma, todavia, da qual saiam tantos como dos olhos, por causa do tamanho dos nervos ópticos e da multidão de pequenas artérias por onde chegam a eles; e que, como o suor não é composto senão por vapores que, saindo das outras partes, transformam-se em água em sua superfície, também as lágrimas se fazem dos vapores que saem dos olhos.

Art. 129. Da maneira como os vapores se transformam em água

Ora, como escrevi em *Os Meteoros*, explicando de que modo os vapores do ar se transformam em chuva, que isso provém de eles serem menos agitados ou mais abundantes do que comumente, também creio que, quando os vapores que saem do corpo são muito menos agitados do que de costume, ainda que não sejam tão abundantes, eles não deixam de se transformar em água, o que causa os suores frios que às vezes provêm de fraqueza quando estamos doentes. E creio que, quando são muito mais abundantes, contanto que não sejam com isso mais agitados, também se transformam em água. Essa é a causa [424] do suor que vem quando se faz algum exercício. Mas então os olhos não suam, porque, durante os exercícios do corpo, como a maioria dos espíritos vai para os músculos que servem para movê-lo, menos deles vão pelo nervo óptico para os olhos. E é uma mesma matéria que compõe o sangue enquanto ela está nas veias ou nas artérias, e os espíritos quando ela está no cérebro, nos nervos ou nos músculos, e os vapores quando ela sai em forma de ar, e finalmente o suor ou as lágrimas quando ela se espessa como água na superfície do corpo ou dos olhos.

Art. 130. Como o que provoca dor no olho o incita a chorar

E só posso notar duas causas que fazem vapores que saem dos olhos transformar-se em lágrimas. A primeira é quando a figura dos poros por onde eles passam é modificada por um acidente qualquer: por isso, retardando o movimento desses vapores e mudando sua ordem, pode fazê-los transformar-se em água. Assim, basta um cisco cair no olho para extrair dele algumas lágrimas, porque, ao lhe provocar dor, ele muda a disposição de seus poros; de modo que, alguns tornando-se mais estreitos, as pequenas partes dos vapores passam por eles menos depressa, e, ao passo que antes elas saíam à mesma distância umas das outras e assim se mantinham separadas, elas se encontram, porque a ordem desses poros está alterada, e por isso elas se unem e assim se transformam em lágrimas.

Art. 131. Como se chora de tristeza

A outra causa é a tristeza seguida de amor ou de alegria, ou geralmente de alguma coisa que faça o coração impelir muito sangue pelas artérias. Para tanto a tristeza é exigida porque, esfriando todo o sangue, ela estreita os poros dos olhos. Mas, porque à medida que os estreita ela também diminui a quantidade dos vapores aos quais eles devem dar passagem, isso não é suficiente para produzir lágrimas se a quantidade desses vapores não é aumentada ao mesmo tempo por alguma outra causa. E não há nada que a aumente mais do que o sangue enviado para o coração na paixão do amor. Assim vemos que aqueles que são tristes não lançam lágrimas continuamente, mas apenas a intervalos, quando fazem alguma nova reflexão sobre os objetos de sua afeição.

Art. 132. Dos gemidos que acompanham as lágrimas

E então os pulmões às vezes também inflam subitamente pela abundância do sangue que entra neles [426] e expulsa o ar que continham, que, saindo pela goela, engendra os gemidos e os gritos que costumam acompanhar as lágrimas. E esses gritos são comumente mais agudos do que os que acompanham o riso, embora sejam produzidos quase da mesma maneira; a razão disso é que os nervos que servem para alargar ou estreitar os órgãos da voz, para torná-la mais grave ou mais aguda, estando unidos aos que abrem os orifícios do coração durante a alegria e os estreitam durante a tristeza, fazem que esses órgãos se alarguem ou se estreitem ao mesmo tempo.

Art. 133. Por que as crianças e os velhos choram com facilidade

As crianças e os velhos são mais inclinados a chorar do que os de meia-idade, mas é por razões diversas. Os velhos frequentemente choram de afeição e de alegria; pois essas duas paixões unidas enviam juntas muito sangue a seu coração e, de lá, muitos vapores a seus olhos; e a agitação desses vapores é tão retardada pela sua frieza natural, que facilmente se transformam em lágrimas, ainda que não haja nenhuma tristeza precedente. Se alguns velhos também choram de zanga com muita facilidade, não é tanto o temperamento de seu corpo quanto o de seu espírito que os dispõe a isso. E isso só acontece àqueles que são tão fracos que se deixam dominar inteiramente por pequenos motivos de dor, de temor ou de piedade. [427] O mesmo acontece às crianças, que pouco choram de alegria, porém muito mais de tristeza, mesmo quando não acompanhada de amor. Pois elas têm sempre sangue suficiente para produzir muitos vapores, que, tendo seu movimento retardado pela tristeza, transformam-se em lágrimas.

Art. 134. Por que algumas crianças empalidecem em vez de chorar

Entretanto há algumas que empalidecem em vez de chorar, quando estão zangadas; isso pode atestar nelas um julgamento e uma coragem extraordinários, ou seja, quando isso provém de elas considerarem quanto o mal é grande e se prepararem para uma forte resistência, do mesmo modo que os de mais idade. Porém, é mais comumente uma marca de má natureza, ou seja, quando isso ocorre por serem inclinadas ao ódio ou ao medo; pois essas são paixões que diminuem a matéria das lágrimas. E vê-se, ao contrário, que as que choram muito facilmente são inclinadas ao amor e à piedade.

Art. 135. Dos suspiros

A causa dos suspiros é muito diferente da causa das lágrimas, embora eles pressuponham, como elas, [428] a tristeza; pois, em vez de sermos incitados a chorar quando os pulmões estão cheios de sangue, somos incitados a suspirar quando estão quase vazios e quando alguma imaginação de esperança ou de alegria abre o orifício da artéria venosa, que a tristeza havia contraído, porque então, o pouco de sangue que resta nos pulmões caindo para o lado esquerdo do coração por essa artéria venosa e sendo impelido pelo desejo de alcançar essa alegria, o qual ao mesmo tempo agita todos os músculos do diafragma e do peito, o ar é impelido prontamente pela boca para os pulmões, para neles preencher o lugar deixado por esse sangue. E é isso que chamamos de suspirar.

Art. 136. De onde provêm os efeitos das paixões que são particulares a determinados homens

De resto, a fim de complementar aqui em poucas palavras tudo o que poderia ser acrescentado a respeito dos diversos efeitos ou das diversas causas das paixões, eu me limitarei a repetir o princípio no qual tudo o que escrevi sobre isso se apoia, ou seja, o de que há tal ligação entre nossa alma e nosso corpo que, quando unimos uma vez alguma ação corporal a algum pensamento, depois nenhum dos dois volta a se apresentar a nós sem que o outro se apresente também e que nem sempre são as mesmas ações que unimos aos mesmos pensamentos. [429] Pois isso é suficiente para explicar tudo o que cada um pode notar de particular em si ou nos outros, concernente a essa matéria, que não tenha sido explicado aqui. E, por exemplo, é fácil pensar que as estranhas aversões de alguns, que os impedem de suportar o cheiro das rosas ou a presença de um gato, ou coisas parecidas, vêm apenas do fato de no começo de suas vidas terem sido muito lesados por alguns objetos semelhantes ou terem se condoído com o sentimento de sua mãe que foi lesada por eles quando grávida. Pois é certo que há relação entre todos os movimentos da mãe e os do filho que está em seu ventre, de modo que aquilo que é contrário a um prejudica o outro. E o cheiro das rosas pode ter causado uma forte dor de cabeça numa criança quando ainda estava no berço ou então um gato pode tê-la apavorado muito, sem que ninguém tenha evitado e sem que ela tenha nenhuma memória disso, ainda que a ideia da aversão que ela tinha então por essas rosas ou por esse gato permaneça impressa em seu cérebro até o fim de sua vida.

Art. 137. Do uso das cinco paixões aqui explicadas, uma vez que se relacionam ao corpo

Depois de ter dado as definições do amor, do ódio, do desejo, da alegria, da tristeza e tratado de todos os movimentos corporais que os causam ou os acompanham, só temos ainda a considerar aqui o seu [430] uso. A esse respeito é de notar que, de acordo com a instituição da natureza, todas essas paixões referem-se ao corpo e só são dadas à alma uma vez que esta é unida a ele; de modo que o uso natural delas é incitar a alma a consentir e contribuir para as ações que podem servir para conservar o corpo ou para torná-lo, de alguma maneira, mais perfeito. E nesse sentido a tristeza e a alegria são as duas primeiras a serem empregadas. Pois a alma só é imediatamente advertida das coisas que prejudicam o corpo pelo sentimento que ela tem da dor, que produz nela primeiramente a paixão da tristeza, depois o ódio do que causa essa dor e, em terceiro lugar, o desejo de livrar-se dela. Assim também a alma só é imediatamente advertida das coisas úteis ao corpo por uma espécie de cócega que, excitando nela a alegria, faz em seguida nascer o amor por aquilo que se crê ser a sua causa e, finalmente, o desejo de adquirir o que pode fazer que se continue nessa alegria ou que ainda se usufrua depois de uma semelhante. Isso mostra que as cinco paixões são todas úteis com respeito ao corpo e até mesmo que a tristeza é, de certa maneira, primeira e mais necessária do que a alegria, e o ódio do que o amor, porque importa mais repelir as coisas que prejudicam e podem destruir do que adquirir as que acrescentam alguma perfeição sem a qual podemos subsistir. [431]

Art. 138. De seus defeitos, e dos meios de corrigi-los

Mas, ainda que esse uso das paixões seja o mais natural que elas possam ter e que todos os animais sem razão conduzam sua vida apenas por movimentos corporais semelhantes aos que em nós costumam acompanhá-las e aos quais elas incitam nossa alma a consentir, nem sempre, no entanto, esse uso é bom, uma vez que há várias coisas prejudiciais no corpo que no começo não causam nenhuma tristeza ou mesmo que dão alegria, e outras que lhe são úteis, ainda que ante sejam incômodas. E, além disso, quase sempre elas fazem tanto os bens como os males que representam parecerem muito maiores e mais importantes do que são, de tal modo que elas nos incitam a buscar uns e fugir dos outros com muito mais ardor e cuidado do que é conveniente. Tal como vemos também que os animais são frequentemente enganados por iscas e que, para evitar pequenos males, eles se precipitam para os maiores. Por isso devemos nos servir da experiência e da razão para distinguirmos o bem do mal e conhecermos seu justo valor, a fim de não tomarmos um pelo outro e de não nos lançarmos a nada com excesso.

Art. 139. Do uso das mesmas paixões, uma vez que pertencem à alma, e primeiramente do amor

Isso seria suficiente se tivéssemos em nós somente o corpo ou se ele fosse nossa melhor parte; mas, uma vez que ele é apenas a menor, devemos principalmente considerar as paixões na medida em que pertencem à alma, com referência à qual o amor e o ódio vêm do conhecimento e precedem a alegria e a tristeza, exceto quando estas duas últimas fazem as vezes do conhecimento, de que elas são espécies. E, quando esse conhecimento é verdadeiro, ou seja, quando as coisas que ele nos leva a amar são verdadeiramente boas e as que nos leva a odiar são verdadeiramente más, o amor é incomparavelmente melhor do que o ódio; não pode ser grande demais e nunca deixa de produzir a alegria. Digo que esse amor é extremamente bom porque, unindo a nós verdadeiros bens, nos aperfeiçoa. Digo também que não pode ser grande demais, pois tudo o que o mais excessivo pode fazer é nos unir tão perfeitamente a esses bens, que o amor que temos particularmente por nós mesmos não traz a isso nenhuma distinção, o que acredito jamais poder ser mau. E é necessariamente seguido pela alegria, porque nos representa o que amamos como um bem que nos pertence. [433]

Art. 140. Do ódio

O ódio, ao contrário, não pode ser tão pequeno que não prejudique; e nunca é isento de tristeza. Digo que não pode ser pequeno demais porque não somos incitados a nenhuma ação pelo ódio ao mal a que não pudéssemos ser ainda mais pelo amor ao bem, do qual ele é contrário, pelo menos quando esse bem e esse mal são bastante conhecidos. Pois confesso que o ódio ao mal que é manifestado apenas pela dor é necessário quanto ao corpo; mas falo aqui somente daquele que vem de um conhecimento mais claro, e refiro-o apenas à alma. Digo também que ele nunca é isento de tristeza, porque, sendo o mal apenas uma privação, ele não pode ser concebido sem um sujeito real no qual esteja. E não há nada de real que não tenha em si alguma bondade, de modo que o ódio que nos distancia de algum mal distancia-nos do mesmo modo do bem ao qual está unido, e a privação desse bem, sendo representada à nossa alma como um defeito que lhe pertence, excita nela a tristeza. Por exemplo, o ódio que nos distancia dos maus costumes de alguém distancia-nos igualmente de sua conversa, na qual poderíamos, caso contrário, encontrar algum bem do qual nos aborrece sermos privados. E assim em todos os outros ódios pode-se notar algum motivo de tristeza. [434]

Art. 141. Do desejo, da alegria e da tristeza

Quanto ao desejo, é evidente que, quando ele provém de um verdadeiro conhecimento, não pode ser mau, contanto que não seja excessivo e que esse conhecimento o regule. É evidente também que a alegria não pode deixar de ser boa, nem a tristeza de ser má, com respeito à alma, porque é nesta última que consiste todo o incômodo que a alma recebe do mal e é na primeira que consiste toda a fruição do bem que lhe pertence. De modo que, se não tivéssemos corpo, eu ousaria dizer que não nos poderíamos abandonar muito ao amor e à alegria, nem evitar muito o ódio e a tristeza. Mas os movimentos corporais que os acompanham podem ser todos prejudiciais à saúde quando são muito violentos e, ao contrário, ser-lhe úteis quando são apenas moderados.

Art. 142. Da alegria e do amor, comparados com a tristeza e o ódio

De resto, uma vez que o ódio e a tristeza devem ser repelidos pela alma, mesmo que provenham de um conhecimento verdadeiro, devem sê-lo ainda mais quando vêm de alguma opinião falsa. [435] Mas pode-se indagar se o amor e a alegria são bons ou não quando são assim mal fundamentados; e parece-me que, se apenas os considerarmos precisamente o que são em si mesmos com referência à alma, podemos dizer que, embora a alegria seja menos sólida e o amor menos benéfico do que quando têm melhor fundamento, não deixam de ser preferíveis à tristeza e ao ódio igualmente mal fundamentados: de modo que, nos encontros da vida em que não podemos evitar a ventura de sermos enganados, sempre fazemos muito melhor ao pender para as paixões que tendem para o bem do que para aquelas que dizem respeito ao mal, ainda que seja apenas para evitá-lo; e até, muitas vezes, uma falsa alegria vale mais do que uma tristeza cuja causa é verdadeira. Mas não ouso dizer o mesmo sobre o amor com relação ao ódio. Pois, quando o ódio é justo, ele nos distancia apenas do sujeito que contém o mal do qual é bom estar separado, ao passo que o amor injusto nos une a coisas que podem prejudicar ou, pelo menos, que não merecem ser tão consideradas por nós quanto são, o que nos avilta e nos rebaixa.

Art. 143. Das mesmas paixões, uma vez que se referem ao desejo

E deve-se notar justamente que o que acabo de dizer dessas quatro paixões só ocorre quando são consideradas precisamente em si mesmas e não nos levam a nenhuma ação. Pois, uma vez que excitam em nós [436] o desejo, por cujo intermédio elas regulam nossos costumes, é certo que todas aquelas cuja causa é falsa podem prejudicar e que, ao contrário, todas aquelas cuja causa é justa podem servir, e até mesmo que, quando são igualmente mal fundadas, a alegria é comumente mais prejudicial do que a tristeza, porque esta, provocando contenção e receio, dispõe de certo modo à prudência, ao passo que a outra torna inconsiderados e temerários aqueles que se abandonam a ela.

Art. 144. Dos desejos cujo cumprimento depende apenas de nós

Mas, porque essas paixões não nos podem levar a nenhuma ação a não ser por intermédio do desejo que elas excitam, é particularmente esse desejo que devemos ter o cuidado de regular; e é nisso que consiste a principal utilidade da moral. Ora, como eu disse antes que ele é sempre bom quando segue um conhecimento verdadeiro, então ele não pode deixar de ser mau quando se fundamenta em algum erro. E parece-me que o erro que se comete mais comumente no que se refere aos desejos é não distinguir muito as coisas que dependem inteiramente de nós daquelas que não dependem. Pois, quanto às que dependem só de nós, ou seja, do nosso livre-arbítrio, basta saber que são boas para não poder desejá-las [437] com demasiado ardor, porque é seguir a virtude fazer as coisas boas que dependem de nós, e é certo que não se pode ter um desejo demasiado ardente pela virtude. Além disso, como não podemos deixar de conseguir o que desejamos dessa maneira uma vez que só depende de nós, sempre recebemos disso toda a satisfação que esperávamos. Mas o erro que se costuma cometer nisso nunca é desejar demais, é apenas desejar pouco demais; e o remédio soberano contra isso é libertar o espírito tanto quanto possível de todas as espécies de desejos menos úteis, depois tentar conhecer bem claramente e considerar com atenção a bondade do que é de desejar.

Art. 145. Dos que só dependem das outras causas, e o que é a fortuna

Quanto às coisas que não dependem de modo algum de nós, por melhores que elas possam ser, nunca devemos desejá-las com paixão, não somente porque podem não acontecer, e por esse meio nos afligir tanto mais quanto mais as tenhamos desejado, mas principalmente porque, ocupando nosso pensamento, elas nos desviam de levar nossa afeição a outras coisas cuja aquisição depende de nós. E há dois remédios gerais contra esses vãos desejos: [438] o primeiro é a generosidade, da qual falarei adiante; o segundo é que devemos refletir com frequência sobre a Providência divina e nos representar que é impossível que alguma coisa aconteça de outra maneira que não a determinada em toda a eternidade por essa Providência; de modo que ela é como uma fatalidade ou uma necessidade imutável que se deve opor à fortuna, para destruí-la como uma quimera que vem apenas do erro do nosso entendimento. Pois só podemos desejar o que consideramos ser possível de alguma maneira, e podemos considerar possíveis as coisas que não dependem de nós só na medida em que pensamos que dependem da fortuna, ou seja, que julgamos que podem acontecer e que em outros tempos aconteceram outras semelhantes. Ora, essa opinião fundamenta-se apenas no fato de não conhecermos todas as causas que contribuem para cada efeito; pois, quando uma coisa que consideramos depender da fortuna não acontece, isso mostra que alguma das causas que eram necessárias para a produzirem faltou e, por conseguinte, que ela era absolutamente impossível e que jamais aconteceu nada semelhante, ou seja, que para sua produção uma tal causa também faltou: de modo que, se não ignorássemos isso antes, jamais a teríamos considerado possível, por conseguinte nem a teríamos desejado. [439]

Art. 146. Dos que dependem de nós e dos outros

Deve-se então rejeitar inteiramente a opinião vulgar de que há fora de nós uma fortuna que faz as coisas acontecerem ou não acontecerem, a seu bel prazer, e saber que tudo o que é conduzido pela Providência divina, cujo decreto eterno é tão infalível e imutável que, exceto as coisas que esse decreto quis dependerem de nosso livre arbítrio, devemos pensar que a nosso respeito nada acontece que não seja necessário e como que fatal, de tal modo que não podemos, sem erar, desejar que aconteça de outra maneira. Mas, porque a maioria de nossos desejos se estende a coisas que nem todas dependem de nós e nem todas dos outros, devemos distinguir nelas exatamente o que depende apenas de nós, a fim de estender nosso desejo unicamente a isso; e, além de tudo, ainda que devamos considerar seu acontecer inteiramente fatal e imutável, a fim de que nosso desejo não se ocupe com isso, não devemos deixar de considerar as razões que fazem esperá-lo mais ou menos, a fim de que elas sirvam para regrar nossas ações. Pois, por exemplo, se temos de estar em algum lugar aonde possamos ir por dois caminhos, um dos quais costuma ser muito mais seguro do que o outro, embora talvez o decreto da Providência seja tal que se formos pelo caminho que consideramos o mais seguro não deixaremos de nele sermos assaltados e, ao contrário [440], poderemos passar pelo outro sem nenhum perigo, não devemos por isso ser indiferentes a escolher um ou o outro nem nos basear na fatalidade imutável desse decreto; mas a razão quer que escolhamos o caminho que costuma ser mais seguro; e nosso desejo deve ser cumprido quanto a isso quando o seguimos, qualquer que seja o mal que daí nos aconteça, porque sendo esse mal concernente a nós inevitável, não tivemos nenhum motivo para desejar estarmos isentos dele, mas apenas de fazer o melhor que nosso entendimento pudesse conhecer, tal como suponho que tenhamos feito. E é certo que, quando nos empenhamos em distinguir assim a fatalidade da fortuna, é fácil nos acostumarmos a regrar nossos desejos de tal modo que, uma vez que seu cumprimento só depende de nós, eles podem sempre nos dar inteira satisfação.

Art. 147. Das emoções interiores da alma

Somente acrescentarei aqui ainda uma consideração que me parece servir muito para nos impedir de receber qualquer incômodo das paixões; é que nosso bem e nosso mal dependem principalmente das emoções interiores que são excitadas na alma unicamente pela própria alma, no que diferem das paixões que dependem sempre de algum movimento dos espíritos; e, ainda que essas emoções da alma muitas vezes estejam unidas às paixões que lhes são semelhantes, [441] com frequência podem também encontrar-se com outras e até mesmo nascer das que lhes são contrárias. Por exemplo, quando um marido chora sua mulher morta, a qual (como às vezes acontece) ele ficaria contrariado se visse ressuscitar, pode ser que seu coração esteja apertado pela tristeza que o aparato dos funerais e a ausência de uma pessoa a cuja conversação ele estava acostumado excitam nele; e pode ser que alguns restos de amor ou de piedade que se apresentam a sua imaginação extraiam lágrimas verdadeiras de seus olhos, apesar de ele sentir uma alegria secreta no mais íntimo de sua alma, cuja emoção tem tanto poder que a tristeza e as lágrimas que a acompanham não podem diminuir em nada sua força. E, quando lemos aventuras estranhas num livro ou as vemos representadas num teatro, isso às vezes excita em nós a tristeza, às vezes a alegria, ou o amor, ou o ódio, e todas as paixões em geral, conforme a diversidade dos objetos que se oferecem à nossa imaginação; mas também temos prazer em senti-las excitadas em nós, e esse prazer é uma alegria intelectual que pode nascer tanto da tristeza como de todas as outras paixões.

Art. 148. Que o exercício da virtude é remédio soberano contra as paixões

Ora, uma vez que essas emoções interiores nos tocam mais de perto e têm, por conseguinte, muito [442] mais poder sobre nós do que as paixões, das quais elas diferem, que se encontram com elas, é certo que, desde que nossa alma tenha sempre com que se contentar em seu interior, todos os distúrbios que vêm de outro lugar não têm nenhum poder de prejudicá-la; antes servem para aumentar sua alegria, já que, vendo que não pode ser ofendida por eles, isso as faz conhecer sua perfeição. E, para que nossa alma tenha assim com que se contentar, ela só necessita seguir exatamente a virtude. Pois, quem quer que tenha vivido de tal modo que sua consciência não lhe possa repreender algum dia ter deixado de fazer todas as coisas que julgou serem as melhores (que é o que chamo de seguir a virtude), recebe disso uma satisfação que tem tal potência de torná-lo feliz, que os mais violentos esforços das paixões jamais têm poder suficiente para perturbar a tranquilidade de sua alma. [443]

Parte III
Das paixões particulares

Art. 149. Da estima e do desprezo

Depois de ter explicado as seis paixões primitivas, que são como os gêneros de que todas as outras são espécies, destacarei aqui sucintamente o que há de particular em cada uma dessas outras e conservarei a mesma ordem segundo a qual as enumerei acima. As duas primeiras são a estima e o desprezo; pois, embora esses nomes geralmente não signifiquem senão as opiniões que se têm sem paixão do valor de cada coisa, todavia, porque dessas opiniões nascem com frequência paixões às quais não se deram nomes particulares, parece-me que estes lhes podem ser atribuídos. E a estima, uma vez que é uma paixão, é uma inclinação que a alma tem a se representar o [444] valor da coisa estimada, inclinação essa causada por um movimento particular dos espíritos conduzidos de tal modo para o cérebro que nele fortalecem as impressões que servem para isso. Assim como, ao contrário, a paixão do desprezo é uma inclinação que a alma tem de considerar a baixeza ou pequenez do que ela despreza, causada pelo movimento dos espíritos que fortalecem a ideia dessa pequenez.

Art. 150. Que essas duas paixões não são mais que espécies de admiração

Assim, essas duas paixões não são mais que espécies de admiração; pois, quando não admiramos a grandeza nem a pequenez de um objeto, não o acatamos nem mais nem menos do que a razão nos dita que o devemos acatar, de maneira que então o estimamos ou o desprezamos sem paixão. E, embora com frequência a estima seja excitada em nós pelo amor e o desprezo pelo ódio, isso não é universal e provém apenas de sermos mais inclinados ou menos inclinados a considerar a grandeza ou a pequenez de um objeto em razão de termos mais afeição ou menos afeição por ele.

Art. 151. Que se pode estimar ou desprezar a si mesmo

Ora, essas duas paixões podem geralmente referir-se a todos os tipos de objetos; mas elas são [445] principalmente notáveis quando as referimos a nós mesmos, ou seja, quando é nosso próprio mérito que estimamos ou desprezamos. E então o movimento dos espíritos que as causa é tão manifesto que muda até a expressão, os gestos, o andar e geralmente todas as ações daqueles que concebem de si mesmos uma opinião melhor ou pior do que comumente.

Art. 152. Por qual causa se pode estimar a si mesmo

E porque uma das principais partes da sabedoria é saber de que maneira e por que cada um deve se estimar ou desprezar, tratarei de dizer aqui minha opinião a respeito. Não noto em nós senão uma única coisa que nos possa dar justa razão para nos estimar, ou seja, o uso de nosso livre-arbítrio e o império que temos sobre nossas vontades.

Pois apenas pelas ações que dependem desse livre-arbítrio é que podemos com razão ser elogiados ou condenados, e ele nos torna de certa maneira semelhantes a Deus, fazendo-nos senhores de nós mesmos, desde que não percamos por covardia os direitos que ele nos dá.

Art. 153. Em que consiste a generosidade

Assim, creio que a verdadeira generosidade, que faz que um homem se estime ao mais alto ponto que seja possível [446] estimar-se legitimamente, consiste apenas em parte de ele saber que não há nada que verdadeiramente lhe pertença a não ser essa livre disposição de suas vontades, nem por que ele deva ser louvado ou condenado a não ser por usá-las bem ou mal, e em parte em ele sentir em si mesmo uma firme e constante resolução de usá-las bem, ou seja, de nunca lhe faltar vontade para empreender e executar todas as coisas que julgue serem as melhores. O que é seguir perfeitamente a virtude.

Art. 154. Que ela impede que se desprezem os outros

Os que têm esse conhecimento e esse sentimento de si mesmos se persuadem facilmente de que cada um dos outros homens pode tê-los também de si, pois nisso nada há que dependa de outrem. Por isso eles nunca desprezam ninguém; e, ainda que vejam com frequência que os outros cometem erros que deixam aparecer sua fraqueza, são, todavia, mais inclinados a desculpá-los do que a condená-los, e a acreditar que é mais por falta de conhecimento do que por falta de boa vontade que os cometem. E, como não pensam ser muito inferiores aos que têm mais bem ou honras, ou até que têm mais espírito, mais saber, mais beleza, ou que os superam geralmente em algumas outras perfeições, também não se consideram muito acima [447] dos que eles superam, porque todas essas coisas lhes parecem muito pouco consideráveis em comparação com a boa vontade, unicamente pela qual se estimam e a qual supõem também existir ou pelo menos poder existir em cada um dos outros homens.

Art. 155. Em que consiste a humildade virtuosa

Assim, os mais generosos costumam ser os mais humildes; e a humildade virtuosa consiste apenas em que a reflexão que fazemos sobre a fragilidade de nossa natureza e sobre os erros que podemos ter cometido outrora ou que somos capazes de cometer, que não são menores do que aqueles que podem ser cometidos por outros, é causa de não preferirmos ninguém e de pensarmos que os outros, tendo seu livre-arbítrio tanto quanto nós, podem igualmente usá-lo.

Art. 156. Quais são as propriedades da generosidade e como ela serve de remédio contra todos os desregramentos das paixões

Os que são generosos dessa maneira são naturalmente levados a fazer grandes coisas e, no entanto, a não empreender nada de que não se sintam capazes. E, porque estimam que nada seja maior do que fazer [448] bem aos outros homens e desprezar seu próprio interesse, por esse motivo são sempre perfeitamente corteses, afáveis e obsequiosos para com todos. E, além disso, são inteiramente senhores de suas paixões, particularmente dos desejos, do ciúme e da inveja, porque não há coisa nenhuma cuja aquisição não dependa deles que eles pensem valer o suficiente para merecer ser muito desejada; e do ódio aos homens, porque estimam todos; e do medo, porque a confiança que têm em sua virtude os tranquiliza; e finalmente da cólera, porque, estimando apenas muito pouco todas as coisas que dependem dos outros, nunca dão a seus inimigos a vantagem de reconhecer que são ofendidos por eles.

Art. 157. Do orgulho

Todos aqueles que concebem boa opinião sobre si mesmos por alguma outra causa, qualquer que ela seja, não têm uma verdadeira generosidade, mas apenas um orgulho, que é sempre muito vicioso, embora o seja tanto mais quanto mais é injusta a causa dessa estima por si mesmo. E a mais injusta de todas é quando se é orgulhoso sem nenhum motivo; isto é, sem que se pense por isso que haja em si algum mérito pelo qual se deva ser apreciado, mas só porque se é indiferente ao mérito e, imaginando que a glória não é mais que uma [449] usurpação, acredita-se que aqueles que mais a atribuem a si mais a têm. Esse vício é tão desarrazoado e tão absurdo que me seria difícil acreditar que houvesse homens que se deixassem levar por ele, se alguém jamais fosse louvado injustamente; mas a lisonja é tão comum por toda parte que não há homem tão defeituoso a ponto de não se ver frequentemente estimar por coisas que não merecem nenhum elogio ou mesmo que merecem reprovação; isso dá ensejo aos mais ignorantes e aos mais estúpidos de caírem nessa espécie de orgulho.

Art. 158. Que seus efeitos são contrários aos da generosidade

Mas, seja qual for a causa pela qual alguém se estima, se for outra que não a vontade que se sente em si mesmo de usar sempre bem o livre-arbítrio, da qual eu disse que vem a generosidade, ela produz sempre um orgulho muito condenável e tão diferente dessa verdadeira generosidade que ele tem efeitos inteiramente contrários. Pois todos os outros bens, como o espírito, a beleza, as riquezas, as honras etc., costumando ser tanto mais estimados quanto se encontram em menos pessoas, e mesmo sendo a maioria de natureza tal que não eles podem ser comunicados a muitos, isso faz que os orgulhosos tentem rebaixar todos os outros homens e, sendo escravos de seus desejos, eles têm a alma constantemente agitada por ódio, inveja, ciúme ou cólera. [450]

Art. 159. Da humildade viciosa

Quanto a baixeza ou humildade viciosa, ela consiste principalmente em nos sentirmos fracos ou pouco resolutos, e, como se não tivéssemos o uso completo de nosso livre-arbítrio, não podemos nos impedir de fazer coisas das quais sabemos que nos arrependeremos depois; e também em acreditarmos não podermos subsistir por nós mesmos nem prescindirmos de várias coisas cuja aquisição depende dos outros. Assim, ela é diretamente oposta à generosidade; e muitas vezes acontece aos que têm o espírito mais baixo serem os mais arrogantes e soberbos, da mesma maneira como os mais generosos são os mais modestos e mais humildes. Mas, ao passo que os que têm o espírito forte e generoso não mudam de humor com as prosperidades ou adversidades que lhes acontecem, os que o têm fraco e abjeto são conduzidos apenas pela fortuna, e a prosperidade não os enfatua menos do que a adversidade os torna humildes. Vê-se mesmo com frequência que eles se rebaixam vergonhosamente diante daqueles de que esperam algum proveito ou temem algum mal e, ao mesmo tempo, elevam-se insolentemente acima daqueles de que não esperam nem temem nada. [451]

Art. 160. Qual é o movimento dos espíritos nessas paixões

De resto, é fácil saber que o orgulho e a baixeza não são somente vícios, mas também paixões, porque sua emoção aparece muito exteriormente naqueles que se enfatuam ou se abatem subitamente por algum novo ensejo. Mas é de indagar se a generosidade e a humildade, que são virtudes, podem também ser paixões, porque seus movimentos aparecem menos e parece que a virtude não condiz tanto com a paixão quanto o são, todavia, vício. No entanto, não vejo razão que impeça que o mesmo movimento dos espíritos que serve para reforçar um pensamento quando ele tem um mau fundamento não o possa reforçar quando tem um fundamento justo; e, porque o orgulho e a generosidade não consistem mais do que na boa opinião que se tem de si mesmo e só diferem no fato de essa opinião ser injusta em um e justa no outro, parece-me que é possível referi-los a uma mesmo paixão, que é excitada por um movimento composto pelos da admiração, da alegria e do amor, tanto que temos por nós mesmos como que temos pela coisa que faz que nos estimemos: como, ao contrário, o movimento que excita a humildade, seja virtuosa ou viciosa, é composto daqueles da admiração, da tristeza e do amor que temos por [452] nós mesmos, misturado ao ódio que temos pelos defeitos que nos fazem desprezar a nós mesmos. E a única diferença que noto nesses movimentos é que o da admiração tem duas propriedades: a primeira, a de que a surpresa o torna forte desde o início; a outra, a de que ela é regular ao continuar, ou seja, os espíritos continuam a se mover com um mesmo padrão no cérebro. Dessas propriedades, a primeira se encontra muito mais no orgulho e na baixeza do que na generosidade e na humildade virtuosa; e, ao contrário, a última se observa mais nestas do que nas duas outras. A razão disso é que o vício vem comumente da ignorância e que aqueles que se conhecem menos são os mais sujeitos a se orgulharem e a se humilharem mais do que devem, porque tudo o que lhes acontece de novo os surpreende e faz que, atribuindo-o a si mesmos, eles se admirem e se estimem ou se desprezem conforme julguem que o que lhes acontece é para sua vantagem ou não. Mas, porque com frequência depois de uma coisa que os orgulha sobrevém outra que os humilha, o movimento de suas paixões é variável. Ao contrário, não há nada na generosidade que não seja compatível com a humildade virtuosa, nem nada que as possa mudar, o que faz que seus movimentos sejam firmes, constantes e sempre muito semelhantes a si mesmos. Mas eles não vêm tão de surpresa, pois os que se estimam dessa maneira bem sabem quais são as causas que os fazem se estimar. Entretanto pode-se dizer que essas causas são tão maravilhosas (ou seja, o [453] poder de usar seu livre-arbítrio, que faz prezar a si mesmo, e as fragilidades do sujeito em quem há esse poder, que fazem que se não estime demais a si mesmo) que todas as vezes que se as representa de novo elas dão sempre uma nova admiração.

Art. 161. Como a generosidade pode ser adquirida

E devemos notar que o que comumente denominamos virtudes são hábitos na alma que a dispõem a certos pensamentos, de tal modo que elas são diferentes desses pensamentos, mas podem produzi-los e, reciprocamente, ser produzidas por eles. Devemos notar também que esses pensamentos podem ser produzidos unicamente pela alma, mas que frequentemente acontece algum movimento dos espíritos fortalecê-los e, então, eles são ações de virtude e, ao mesmo tempo, paixões da alma. Assim, embora não haja virtude para a qual o bom nascimento pareça contribuir tanto quanto para a que faz que só nos estimemos por nosso justo valor e embora seja fácil acreditar que todas as almas que Deus põe em nossos corpos não são igualmente nobres e fortes (causa pela qual chamei essa virtude de generosidade, de acordo com o uso de nossa língua, e não de magnanimidade, de acordo com o uso da Escola, onde ela não é muito conhecida), é certo entretanto que a boa instituição serve muito para corrigir os defeitos de nascimento e que, se nos ocuparmos com frequência em considerar [454] o que é o livre-arbítrio e como são grandes as vantagens que vêm de nossa firme resolução de bem usá-lo, assim como, por outro lado, quanto são vãos e inúteis todos os cuidados que atormentam os ambiciosos, poderemos excitar em nós a paixão e em seguida adquirir a virtude de generosidade, a qual, sendo como a chave de todas as outras virtudes e um remédio geral contra todos os desregramentos das paixões, parece-me que essa consideração bem merece ser destacada.

Art. 162. Da veneração

A veneração ou o respeito é uma inclinação da alma não apenas a estimar o objeto que ela reverencia como também a submeter-se a ele com algum temor, para tentar torná-lo favorável a nós; de modo que só temos veneração pelas causas livres que julgamos capazes de nos fazerem bem ou mal, sem que saibamos qual dos dois elas farão. Pois temos amor e devoção, mais do que simples veneração, por aquelas de que só esperamos bem e temos ódio daquelas de que só esperamos mal; e, se não julgamos que a causa desse bem ou desse mal seja livre, não nos submetemos a ela para tentar tê-la favorável.
Assim, quando os pagãos tinham veneração

por bosques, fontes ou montanhas, não era propriamente essas coisas [455] mortas que eles reverenciavam, mas as divindades que pensavam presidir a elas. E o movimento dos espíritos que excita essa paixão é composto por aquele que excita a admiração e aquele que excita o temor, do qual falarei adiante.

Art. 163. Do desdém

Enfim, o que chamo de desdém é a inclinação que a alma tem para desprezar uma causa livre, julgando que, ainda que por sua natureza ela seja capaz de fazer bem e mal, está tão abaixo de nós, entretanto, que não nos pode fazer nem um nem o outro. E o movimento dos espíritos que o excita é composto por aqueles que excitam a admiração e a segurança ou a ousadia.

Art. 164. Do uso dessas duas paixões

E a generosidade e a fraqueza do espírito ou a baixeza é que determinam o bom e o mau uso dessas duas paixões. Pois, quanto mais nobre e generosa se tem a alma, mais se tem inclinação a entregar a cada um o que lhe pertence; e assim se tem não somente uma humildade muito profunda com respeito a Deus como também [456] se confere sem relutância toda a honra e o respeito devidos aos homens, a cada um de acordo com a posição e a autoridade que ele tem no mundo, e não se despreza nada a não ser os vícios. Ao contrário, os que têm o espírito baixo e fraco são sujeitos a pecar por excesso, às vezes por reverenciarem e temerem coisas que apenas são dignas de desprezo e às vezes por desdenharem com insolência as que mais merecem ser reverenciadas. E com frequência eles passam muito prontamente da extrema impiedade à superstição, depois da superstição à impiedade, de modo que não há nenhum vício nem desregramento de espíritos de que não sejam capazes.

Art. 165. Da esperança e do temor

A esperança é uma disposição da alma a se persuadir de que aquilo que ela deseja ocorrerá, a qual é causada por um movimento particular dos espíritos, ou seja, aquele da alegria e do desejo misturados. E o temor é uma outra disposição da alma que a persuade de que ele não ocorrerá. E é de notar que, embora essas duas paixões sejam contrárias, é possível, todavia, ter as duas juntas, ou seja, quando nos representamos ao mesmo tempo diversas razões das quais umas levam a julgar que o cumprimento do desejo é fácil e outras o fazem parecer difícil. [457]

Art. 166. Da segurança e do desespero

E nunca uma dessas paixões acompanha o desejo sem deixar algum lugar para a outra. Pois, quando a esperança é tão grande que elimina inteiramente o temor, ela muda de natureza e se denomina segurança ou certeza. E, quando se tem certeza de que o que se deseja ocorrerá, ainda que se continue a desejar que ocorra, deixa-se, no entanto, de ser agitado pela paixão do desejo, que fazia buscar seu cumprimento com inquietude. Igualmente, quando o temor é tão extremo que não deixa nenhum lugar para a esperança, ele se transforma em desespero; e esse desespero, representando a coisa como impossível, extingue inteiramente o desejo, que se volta apenas para as coisas possíveis.

Art. 167. Do ciúme

O ciúme é uma espécie de temor que se refere ao desejo que temos de conservar a posse de algum bem; e ele não vem tanto da força das razões que nos levam a julgar que podemos perdê-lo como da grande estima que temos de fato, que é a causa de examinarmos até os menores motivos de suspeita e de os tomarmos por razões muito consideráveis.

Art. 168. Em que essa paixão pode ser honesta

E porque devemos ter mais preocupação em conservar os bens que são muito grandes do que os menores, essa paixão pode ser justa e honesta em algumas ocasiões. Assim, por exemplo, um capitão que guarda uma praça de grande importância tem direito de ser zeloso com ela, ou seja, de desconfiar de todos os meios pelos quais poderia ser surpreendida; e não se condena uma mulher honesta por zelar por sua honra, ou seja, por não só evitar proceder mal como também evitar até os menores motivos de maledicência.

Art. 169. Em que ela é condenável

Mas zomba-se de um avarento quando ele tem ciúme de seu tesouro, ou seja, quando não tira os olhos de seu tesouro e jamais quer se afastar dele por medo de que seja roubado; pois o dinheiro não vale a pena de ser guardado com tanto cuidado. E despreza-se o homem que tem ciúme de sua mulher, porque é prova de que não a ama adequadamente e tem má opinião de si mesmo ou dela. Digo que não a ama adequadamente porque, se lhe tivesse verdadeiro amor, não teria nenhuma inclinação para desconfiar dela. Mas não é propriamente ela que esse homem ama, é apenas o bem que ele imagina consistir em ser o único a ter posse dela; e ele não temeria perder esse bem se não julgasse que é indigno dele ou então que sua mulher é infiel. De resto, essa paixão refere-se apenas às suspeitas e às desconfianças, pois não é propriamente ter ciúme empenhar-se em evitar algum mal quando se tem motivo justo para temê-lo.

Art. 170. Da irresolução

A irresolução também é uma espécie de temor que, mantendo a alma como em suspensão entre várias ações que ela pode realizar, causa que ela não execute nenhuma e que assim ela tenha tempo para escolher antes de se determinar. Nisso na verdade ela tem algum uso que é bom. Mas, quando ela demora mais do que convém e emprega para deliberar o tempo que seria necessário para agir, ela é muito má. Ora, digo que é uma espécie de temor não obstante possa acontecer, quando se tem a escolha de várias coisas cuja bondade parece muito igual, que se fique incerto e irresoluto sem por isso ter algum medo. Pois essa espécie de irresolução vem apenas do motivo apresentado e não de nenhuma emoção dos espíritos; por isso ela não é uma paixão, a não ser que pelo fato de o temor que se tem de falhar na escolha aumentar a incerteza. Mas esse temor é tão comum e tão forte em alguns, que muitas vezes [460], embora não tenham de escolher e vejam uma só coisa a tomar ou deixar, ele os retém e faz que se detenham inutilmente para procurar outras; e então é um excesso de irresolução que vem de um desejo demasiado grande de acertar e de uma fraqueza do entendimento, o qual, não tendo noções claras e distintas, só as tem muito confusas. Por isso o remédio contra esse excesso é acostumar-se a formar julgamentos certos e determinados com respeito a todas as coisas que se apresentam e a acreditar que sempre se está cumprindo o dever quando se faz o que se julga ser melhor, ainda que talvez se julgue muito mal.

Art. 171. Da coragem e da ousadia

A coragem, quando é uma paixão e não um hábito ou uma inclinação natural, é um certo calor ou agitação que dispõe a alma a se lançar poderosamente na execução das coisas que ela quer fazer, seja qual for a natureza delas. E a ousadia é uma espécie de coragem que dispõe a alma à execução das coisas que são as mais perigosas.

Art. 172. Da emulação

A emulação também é uma de suas espécies, mas num outro sentido; pois pode-se considerar a coragem como [461] um gênero que se divide em tantas espécies quantos são os objetos diferentes e em tantas outras quantas são as causas: na primeira forma, a ousadia é uma de suas espécies, na outra, a emulação. E esta última não é senão um calor que dispõe a alma a empreender coisas em que espera poder ter êxito porque vê que outros o têm; e assim é uma espécie de coragem cuja causa externa é o exemplo. Digo causa externa porque além disso deve sempre haver uma interna, que consiste em se ter o corpo tão disposto que o desejo e a esperança têm mais força para fazer uma quantidade de sangue ir para o coração do que o temor ou o desespero para o impedir.

Art. 173. Como a ousadia depende da esperança

Pois é de notar que, embora o objeto da ousadia seja a dificuldade, da qual geralmente se segue o temor ou até o desespero, de modo que é nas questões mais perigosas e mais desesperadoras que empregamos mais ousadia e coragem, é necessário, entretanto, esperarmos ou mesmo termos certeza de que o fim que nos propomos será alcançado, para nos opormos com vigor às dificuldades encontradas. Mas esse fim é diferente desse objeto. Pois não se pode ter certeza e desespero sobre uma mesma coisa ao mesmo tempo. Assim, quando os Décios se lançavam em meio aos inimigos e corriam para uma morte certa [462], o objeto de sua ousadia era a dificuldade de preservar a vida durante essa ação, dificuldade para a qual só tinham desespero, pois estavam certos de morrer; mas seu fim era animar os soldados com seu exemplo e fazê-los obterem a vitória, da qual tinham esperança; ou então também seu fim era obterem glória depois de sua morte, da qual tinham certeza.

Art. 174. Da covardia e do medo

A covardia é diretamente oposta à coragem, e é uma languidez ou frieza que impede a alma de se lançar na execução das coisas que ela faria se fosse isenta dessa paixão. E o medo ou o pavor, que é contrário à ousadia, não é apenas uma frieza, mas também uma perturbação e um espanto da alma que lhe tira o poder de resistir aos males que ela pensa estarem próximos.

Art. 175. Do uso da covardia

Ora, ainda que eu não me possa persuadir de que a natureza tenha dado aos homens alguma paixão que seja sempre viciosa e não tenha nenhum uso bom e louvável, tenho, entretanto, muita dificuldade em descobrir para que essas duas podem servir. Parece-me apenas que a covardia [463] tem algum uso quando faz que sejamos isentos dos esforços que poderíamos ser incitados a realizar por razões prováveis, se outras razões mais certas que levaram a julgá-las inúteis não tivessem excitado essa paixão. Pois, além de isentar a alma desses esforços, ela também serve, então, para o corpo, uma vez que, retardando o movimento dos espíritos, ela impede que dissipemos nossas forças. Mas, comumente, ela é muito prejudicial, porque desvia a vontade das ações úteis. E, porque ela só vem do fato de não termos bastante esperança ou desejo, não devemos senão aumentar em nós essas duas paixões para corrigi-la.

Art. 176. Do uso do medo

No que se refere ao medo ou ao pavor, não vejo que possa jamais ser louvável nem útil; também não se trata de uma paixão particular, é apenas um excesso de covardia, de espanto e de temor, que é sempre vicioso, assim como a ousadia é um excesso de coragem, que é sempre bom, contanto que o fim a que nos propomos seja bom. E, porque a principal causa do medo é a surpresa, não há nada melhor para isentar-se dele do que usar de premeditação e preparar-se para todos os acontecimentos cujo temor possa causá-lo.

Art. 177. Do remorso

O remorso de consciência é uma espécie de tristeza que vem da dúvida que temos sobre se alguma coisa que fazemos ou fizemos é boa, e ele pressupõe necessariamente a dúvida. Pois, se estivéssemos inteiramente certos de que o que fizemos fosse mau, nos absteríamos de fazê-lo, tanto mais que a vontade só se refere às coisas que têm alguma aparência de bondade; e, se tivéssemos certeza de que o que já fizemos é mau, teríamos arrependimento, não apenas remorso. Ora, o uso dessa paixão é fazer que examinemos se a coisa de que duvidamos é boa ou não e impedir que a façamos outra vez enquanto não tivermos certeza de que é boa. Mas, porque ela pressupõe o mal, o melhor seria que nunca tivéssemos motivo para senti-la; e podemos preveni-la pelos mesmos meios pelos quais podemos nos isentar da irresolução.

Art. 178. Da zombaria

A derrisão ou zombaria é uma espécie de alegria misturada com ódio, que vem de percebermos algum pequeno mal numa pessoa que pensamos ser digna dele. Temos ódio desse mal e temos alegria por vê-lo naquele que é digno dele. E, quando isso sobrevém inopinadamente [465], a surpresa da admiração é causa de explodirmos em riso, de acordo com o que foi dito acima sobre a natureza do riso. Mas esse mal deve ser pequeno; pois, se é grande, não podemos crer que aquele que o tem seja digno dele, a não ser que sejamos de natureza muito má ou que tenhamos muito ódio dele.

Art. 179. Por que os mais imperfeitos costumam ser os mais zombeteiros

E vê-se que os que têm defeitos muito visíveis, por exemplo, que são mancos, zarolhos, corcundas ou que receberam alguma afronta em público, são particularmente inclinados à zombaria. Pois, desejando ver os outros tão desfavorecidos quanto eles, ficam muito satisfeitos com os males que lhes acontecem e os consideram dignos deles.

Art. 180. Do uso da pilhéria

Quanto à pilhéria modesta, que repreende os vícios fazendo-os parecerem ridículos, sem, no entanto, rir-se deles nem mostrar nenhum ódio das pessoas, ela não é uma paixão, mas uma qualidade de homem probo, que mostra a graça de seu humor e a tranquilidade de [466] sua alma, que são marcas de virtude, e muitas vezes também a destreza de seu espírito, uma vez que ele sabe dar uma aparência agradável às coisas das quais ele zomba.

Art. 181. Do uso do riso na pilhéria

E não é improbidade rir quando se ouvem as pilhérias de outros; elas podem até ser tais que seria inconveniente não rir. Mas, quando nós mesmos fazemos pilhéria, é mais apropriado nos abstermos de rir, a fim de não parecermos surpresos pelas coisas que dizemos nem admirados por nossa destreza em inventá-las. E isso faz que surpreendam ainda mais os que as ouvem.

Art. 182. Da inveja

O que comumente denominamos inveja é um vício que consiste numa perversidade de natureza que faz certas pessoas se zangarem com o bem que veem acontecer aos outros homens. Mas aqui me sirvo da palavra para designar uma paixão que nem sempre é viciosa. A inveja como paixão, portanto, é uma espécie de tristeza misturada com ódio que vem do fato de se ver acontecer o bem aos que se pensa serem indignos dele. Isso só se pode pensar com razão dos bens [467] de fortuna. Pois, quanto aos da alma ou mesmo do corpo, uma vez que os temos de nascença, para sermos digno deles basta que os tenhamos recebido de Deus antes de sermos capazes de cometer algum mal.

Art. 183. Como ela pode ser justa ou injusta

Mas, quando a fortuna envia bens a alguém que é verdadeiramente indigno deles e a inveja só é excitada em nós porque, amando naturalmente a justiça, nos zangamos por ela não ser observada na distribuição desses bens, é um zelo que pode ser desculpável, principalmente quando o bem que invejamos dos outros é de tal natureza que pode se transformar em mal entre as mãos deles; como se fosse algum encargo ou ofício em cujo exercício eles pudessem comportar-se mal. Mesmo quando se deseja para si o mesmo bem e sé é impedido de tê-lo, porque outros que são menos dignos dele o possuem, isso torna essa paixão mais violenta, e ela não deixa de ser desculpável, contanto que o ódio que ela contém se refira somente à má distribuição do bem que se inveja e não às pessoas que o possuem ou o distribuem. Mas há poucos que sejam tão justos e tão generosos a ponto de não terem ódio dos que os precedem na aquisição de um bem que não é disponível para muitos e que tinham desejado para si mesmos, ainda que aqueles que o adquiriram [468] sejam tão ou mais dignos dele. E o que geralmente é mais invejado é a glória. Pois, ainda que a dos outros não impeça que possamos almejá-la, no entanto ela torna seu acesso mais difícil e seu preço mais alto.

Art. 184. De onde provém os invejosos estarem sujeitos a ter a tez plúmbea

De resto, não há vício que prejudique tanto a felicidade dos homens como o da inveja. Pois, além de aqueles que são manchados por ela afligirem a si mesmos, eles também perturbam com todo o seu poder o prazer dos outros. E geralmente têm a tez plúmbea, ou seja, pálida, de uma mistura de amarelo e preto e como de sangue pisado. Daí a ser chamada "livor" em latim. Isso condiz muito bem com o que foi dito acima sobre os movimentos do sangue na tristeza e no ódio. Pois este faz com que a bile amarela, que vem da parte inferior do fígado, e a preta, que vem do baço, se espalhem do coração pelas artérias por todas as veias; e ela faz com que o sangue das veias tenha menos calor e escorra mais devagar do que comumente, o que é suficiente para tornar a cor lívida. Mas, porque a bile, tanto amarela como preta, também pode ser enviada para as veias por várias outras causas e porque a inveja não as impele em quantidade bastante grande para mudar a cor da tez, quando não é muito grande e de [469] longa duração, não se deve pensar que todos em quem se vê essa cor sejam inclinados a ela.

Art. 185. Da piedade

A piedade é uma espécie de tristeza mesclada com amor ou boa vontade para com aqueles que vemos sofrer algum mal do qual os estimamos indignos. Assim, ela é contrária à inveja, em razão de seu objeto, e à zombaria, porque o considera de outra maneira.

Art. 186. Quem são os mais piedosos

Os que se sentem muito fracos e muito sujeitos às adversidades da fortuna parecem ser mais inclinados a essa paixão do que os outros, porque se representam o mal do outro como podendo lhes acontecer; e assim eles movidos à piedade mais pelo amor que têm por si mesmos do que pelo que têm pelos outros.

Art. 187. Como os mais generosos são tocados por essa paixão

Entretanto, os que são mais generosos e que têm o espírito mais forte, de modo que não temem [470] nenhum mal para eles e se mantêm para além do poder da fortuna, não são isentos de compaixão quando veem a fragilidade dos outros homens e entendem suas queixas. Pois é parte da generosidade ter boa vontade para com todos. Mas a tristeza dessa piedade não é amarga; e, como a causada pelas ações funestas que se veem representadas num teatro, ela está mais no exterior e no sentido do que no interior da alma, que tem, contudo, a satisfação de pensar que ela faz o que é seu dever, uma vez que se compadece dos aflitos. E nisso há a diferença de que, ao passo que o vulgo tem compaixão pelos que se queixam, porque pensa que os males que eles sofrem são muito aflitivos, o principal objeto da piedade dos homens mais grandiosos é a fraqueza dos que eles veem se queixar, porque não estimam que nenhum acidente que possa acontecer seja uma mal tão grande quanto a covardia dos que não conseguem sofrê-lo com perseverança; e, embora odeiem os vícios, nem por isso odeiam os que veem submetidos a eles, têm por eles somente piedade.

Art. 188. Quem são os não afetados por ela

Mas só os espíritos malignos e invejosos odeiam naturalmente todos os homens, ou então aqueles que são tão brutais e tão ofuscados [471] pela boa fortuna ou desesperados pela má, que não pensam que algum mal lhes possa acontecer, que são insensíveis à piedade.

Art. 189. Por que essa paixão incita a chorar

De resto, chora-se muito facilmente nessa paixão, porque o amor, enviando muito sangue para o coração, faz saírem muitos vapores pelos olhos, e o frio da tristeza, retardando a agitação desses vapores, faz que eles se transformem em lágrimas, conforme o que foi dito acima.

Art. 190. Da satisfação de si mesmo

A satisfação que sempre têm aqueles que seguem constantemente a virtude é um hábito em sua alma que se denomina tranquilidade e repouso de consciência. Mas a que se adquire de novo quando recentemente se fez alguma ação que se julga boa é uma paixão, ou seja, uma espécie de alegria, a qual creio ser a mais doce de todas, porque sua causa só depende de nós mesmos. Todavia, quando essa causa não é justa, ou seja, quando as ações de que se extrai muito satisfação não têm grande importância, [472] ou até mesmo são viciosas, ela é ridícula e só serve para produzir um orgulho e uma arrogância impertinentes. Isso pode ser facilmente observado naqueles que, acreditando ser devotos, são apenas carolas e supersticiosos; ou seja, que, sob pretexto de que vão frequentemente à igreja, de que recitam muitas orações, de que usam cabelo curto, de que fazem jejum, de que dão esmola, pensam ser inteiramente perfeitos e imaginam que são tão grandes amigos de Deus que não podem fazer nada que lhe desagrade e que tudo o que sua paixão lhes dita é um bom zelo, embora às vezes ela lhes dite os maiores crimes que podem ser cometidos por homens, como os de trair cidades, matar príncipes, exterminar povos inteiros, pelo simples fato de não seguirem suas opiniões.

Art. 191. Do arrependimento

O arrependimento é diretamente contrário à satisfação de si mesmo, e é uma espécie de tristeza que vem de se acreditar ter feito alguma má ação; e é muito amarga, porque sua causa vem apenas de nós. Isso não impede, todavia, que não seja muito útil quando é verdade que a ação de que nos arrependemos é má e temos disso um conhecimento seguro, porque ela nos incita a agir melhor em uma outra vez. Mas acontece com frequência os espíritos fracos se arrependerem das coisas que fizeram sem [473] saberem com certeza que são más; persuadem-se disso somente porque o temem; e, se tivessem feito o contrário, eles se arrependeriam da mesma maneira: o que é neles uma imperfeição digna de piedade.

E os remédios contra esse defeito são os mesmos que servem para eliminar a irresolução.

Art. 192. Do favor

O favor é propriamente um desejo de ver acontecer o bem a alguém por quem se tem boa vontade; mas sirvo-me aqui dessa palavra para significar essa vontade quando excitada em nós por alguma boa ação daquele por quem a temos. Pois somos naturalmente levados a amar os que fazem coisas que estimamos boas, embora delas não nos reverta nenhum bem. O favor, nesse sentido, é uma espécie de amor, não de desejo, ainda que o desejo de ver acontecer o bem a quem favorecemos sempre o acompanhe. E ele é comumente unido à piedade, porque as desgraças que vemos acontecer aos infelizes são causa de refletirmos mais sobre seus méritos.

Art. 193. Do reconhecimento

O reconhecimento também é uma espécie de amor excitado em nós por alguma ação daquele por quem [474] o temos e pela qual acreditamos que ele nos fez algum bem ou pelo menos que teve a intenção de fazê-lo. Assim, ele contém o mesmo que o favor, e, além disso, fundamenta-se numa ação que nos toca e que temos desejo de recompensar. Por isso tem muito mais força, principalmente nas almas nobres e generosas, por pouco que o sejam.

Art. 194. Da ingratidão

Quanto à ingratidão, ela não é uma paixão, pois a natureza não põe em nós nenhum movimento dos espíritos que a excite; mas ela é somente um vício diretamente oposto ao reconhecimento, uma vez que este é sempre virtuoso e um dos principais vínculos da sociedade humana. Por isso esse vício pertence apenas aos homens brutais e tolamente arrogantes que pensam que todas as coisas lhes são devidas, ou aos estúpidos que não fazem nenhuma reflexão sobre os benefícios que recebem, ou aos fracos e abjetos que, sentindo sua fragilidade e sua necessidade, buscam com baixeza o socorro dos outros e, depois que o recebem, os odeiam porque, não tendo vontade de lhes fazer o mesmo, ou sem esperança de poder fazê-lo, e imaginando que todo o mundo é mercenário como eles e que não se faz nenhum bem senão com esperança de ser recompensado, pensam tê-los enganado. [475]

Art. 195. Da indignação

A indignação é uma espécie de ódio ou de aversão que se tem naturalmente por aqueles que fazem algum mal, qualquer que seja sua natureza. E com frequência ela se mescla à inveja ou à piedade; entretanto tem um objeto bem diferente. Pois só nos indignamos contra aqueles que fazem bem ou mal às pessoas que não são dignas dele, mas temos inveja dos que recebem esse bem e piedade dos que recebem esse mal. É verdade que fazer mal é de certo modo possuir um bem do qual não se é digno. Essa pode ser a causa pela qual Aristóteles e seus seguidores, supondo que a inveja é sempre um vício, chamaram de indignação aquela que não é viciosa.

Art. 196. Por que às vezes ela está aliada à piedade e às vezes à zombaria

De certa maneira receber o mal é fazê-lo; essa é a causa de alguns unirem a piedade à sua indignação e alguns outros a zombaria, segundo sejam imbuídos de boa ou de má vontade [476] para com aqueles que eles veem cometer erros. E por isso foi possível o riso de Demócrito e o choro de Heráclito procederem da mesma causa.

Art. 197. Que ela é frequentemente acompanhada de admiração e não é incompatível com a alegria

A indignação também é frequentemente acompanhada de admiração. Pois temos o costume de supor que todas as coisas serão feitas da maneira pela qual julgamos que devem ser, ou seja, da maneira que consideramos boa. Por isso, quando acontecem de maneira diferente, nos surpreendemos e nos admiramos. Ela também não é incompatível com a alegria, embora esteja mais comumente unida à tristeza. Pois, quando o mal que nos indigna não nos pode prejudicar e consideramos que não queremos fazer igual, isso nos dá prazer; e talvez seja uma das causas do riso que às vezes acompanha essa paixão.

Art. 198. De seu uso

De resto, a indignação é observada bem mais naqueles que querem parecer virtuosos do que nos que o são de verdade. Pois, embora aqueles que amam a virtude não possam ver sem certa aversão os vícios dos [477] outros, eles só se apaixonam contra os maiores e mais extraordinários. É ser difícil e inconveniente ter muita indignação por coisas de pouca importância; é ser injusto tê-la pelas coisas que não são condenáveis, e é ser impertinente e absurdo não restringir essa paixão às ações dos homens e estendê-la até às obras de Deus ou da natureza, tal como fazem aqueles que, nunca estando contentes com sua condição nem com sua fortuna, ousam contestar a conduta do mundo e os segredos da Providência.

Art. 199. Da cólera

A cólera também é uma espécie de ódio ou de aversão que temos àqueles que fizeram algum mal ou que tentaram prejudicar, não indiferentemente a quem seja, mas particularmente a nós. Assim, ela contém exatamente o mesmo que a indignação, e mais ainda o fato de se fundamentar numa ação que nos afeta e da qual temos o desejo de nos vingar. Pois esse desejo quase sempre a acompanha; e ela é diretamente oposta ao reconhecimento, como a indignação o é ao favor. Mas é incomparavelmente mais violenta do que essas três outras paixões, porque o desejo de rechaçar as coisas prejudiciais e de se vingar é o mais premente de todos. O desejo unido ao amor que se tem [478] por si mesmo é que fornece à cólera toda a agitação do sangue que a coragem e a ousadia podem causar; e o ódio faz que seja principalmente o sangue bilioso que vem do baço e das pequenas veias do fígado que receba essa agitação e entre no coração, onde, por causa de sua abundância e da natureza com que está misturado, ele excita um calor mais áspero e mais ardente do que aquele que lá pode ser excitado pelo amor e pela alegria.

Art. 200. Por que os que ela faz enrubescer são menos temíveis do que os que ela faz empalidecer

E os sinais exteriores dessa paixão são diferentes conforme os diversos temperamentos das pessoas e a diversidade das outras paixões que a compõem ou se unem a ela. Assim, vemos os que empalidecem ou que tremem quando se encolerizam e vemos outros que enrubescem ou até que choram; e julgamos comumente que a cólera dos que empalidecem seja mais temível do que cólera dos que enrubescem. A razão disso é que, quando não queremos ou não podemos nos vingar de outra maneira que não pela fisionomia ou por palavras, empregamos todo o nosso calor e toda a nossa força desde o início da nossa comoção, causa de enrubescermos; por outro lado às vezes a pena e a piedade que temos de nós mesmos, por não podermos nos vingar de outra maneira, causa nosso choro. E, ao contrário, os que se reservam e se determinam a uma [479] vingança maior tornam-se tristes por se pensarem obrigados a isso pela ação que lhes provoca cólera; e às vezes eles também temem os males que podem seguir-se da resolução que tomaram, o que os torna primeiro pálidos, frios e trêmulos. Mas, quando depois executam sua vingança, reaquecem-se tanto mais quanto mais frios foram no começo, de modo que observamos que as febres que começam com o frio costumam ser as mais fortes.

Art. 201. Que há duas espécies de cólera, e que os que têm mais bondade são os mais sujeitos à primeira

Isso nos adverte de que podemos distinguir duas espécies de cólera: uma que é muito imediata e se manifesta muito exteriormente, mas que tem pouco efeito e pode ser facilmente apaziguada; outra que não aparece tanto de início, porém corrói mais o coração e tem efeitos mais perigosos. Os que têm muita bondade e muito amor são os mais sujeitos à primeira. Pois ela não vem de um ódio profundo, mas de uma aversão súbita que os surpreende, porque, como tendem a imaginar que todas as coisas devem correr da maneira que julgam ser a melhor, assim que acontece algo de maneira diferente eles se admiram e se ofendem, muitas vezes até sem que a coisa os afete particularmente, porque, tendo muita afeição, [480] eles se interessam por aqueles a quem amam do mesmo modo que por si mesmos. Assim, o que seria apenas motivo de indignação para alguém outro é para eles motivo de cólera; e, porque a inclinação que têm a amar faz que tenham muito calor e muito sangue no coração, a aversão que os surpreende não pode impelir para lá tão pouca bile que não haja primeiro uma grande comoção nesse sangue. Mas essa comoção dura pouco, porque a força da surpresa não continua e, assim que percebem que o motivo que os aborreceu não deveria comovê-los tanto, eles se arrependem.

Art. 202. Que são as almas fracas e baixas que mais se deixam levar à outra

A outra espécie de cólera, na qual predomina o ódio e a tristeza, não é de início tão visível, a não ser, talvez, pelo fato de fazer o rosto empalidecer. Mas sua força aumenta pouco a pouco pela agitação que um ardente desejo de se vingar excita no sangue, o qual, mesclando-se à bile que é impelida da parte inferior do fígado e do baço para o coração, excita nele um calor muito áspero e muito pungente. E, tal como são as almas mais generosas que têm mais reconhecimento, são as que têm mais orgulho e que são as mais baixas e as mais frágeis que mais se deixam [481] levar a essa espécie de cólera; pois as injúrias parecem tanto maiores quanto mais o orgulho faz que estimemos a nós mesmos e também quanto mais estimamos os bens que elas tiram, os quais estimamos tanto mais quanto mais baixa e mais fraca temos a alma, pois eles dependem dos outros.

Art. 203. Que a generosidade serve como remédio contra seus excessos

De resto, ainda que essa paixão seja útil para nos dar vigor para rechaçar as injúrias, não há nenhuma, todavia, cujos excessos devamos evitar com mais cuidado, porque, turvando o juízo, com frequência eles fazem cometer erros pelos quais depois temos arrependimento e até mesmo às vezes impedem que rechacemos essas injúrias tão bem quanto poderíamos fazer tivéssemos menos emoção. Mas, como não há nada que a torne mais excessiva do que o orgulho, então creio que a generosidade é o melhor remédio que se pode encontrar contra seus excessos, porque, fazendo que se estimem muito pouco todos os bens que podem ser tirados e, ao contrário, que se estimem muito a liberdade e o império absoluto sobre si mesmo, que se deixa de ter quando se pode ser ofendido por alguém, ela faz que só se tenha desprezo ou no máximo indignação pelas injúrias com que os outros costumam ofender-se. [482]

Art. 204. Da glória

O que aqui denomino glória é uma espécie de alegria fundamentada no amor que se tem por si mesmo e que vem da opinião ou da esperança que se tem de ser louvado por alguns outros. Assim, ela é diferente da satisfação interior que provém da opinião que se tem de ter feito alguma boa ação. Pois às vezes somos louvados por coisas que não cremos serem boas e condenados pelas que cremos ser melhores. Mas ambas são espécies da estima que se tem por si mesmo, assim como espécies de alegria. Pois é motivo para se estimar ver que se é estimado pelos outros.

Art. 205. Da vergonha

A vergonha, ao contrário, é uma espécie de tristeza também fundamentada no amor por si mesmo e que provém da opinião ou do temor que se tem de ser condenado. Ela é, além disso, uma espécie de modéstia ou de humildade e desconfiança de si mesmo. Pois, quando nos estimamos tanto que não nos conseguimos imaginar desprezados por ninguém, não podemos ter vergonha facilmente.

Art. 206. Do uso dessas duas paixões

Ora, a glória e a vergonha têm o mesmo uso, uma vez que [483] nos incitam à virtude, uma pela esperança, a outra pelo temor. É somente necessário instruir seu julgamento com respeito ao que é verdadeiramente digno de condenação ou de louvor, a fim de não se ter vergonha de agir bem e não derivar vaidade de seus vícios, tal como acontece a muitos. Mas não é bom despojar-se inteiramente dessas paixões, como em outros tempos faziam os cínicos. Pois, ainda que o povo julgue muito mal, porque não podemos viver sem ele, entretanto, porque nos importa sermos estimados por ele, frequentemente devemos seguir suas opiniões mais do que as nossas, no que se refere ao exterior de nossas ações.

Art. 207. Da impudência

A impudência ou o atrevimento, que é um desprezo pela vergonha e muitas vezes também pela glória, não é uma paixão, porque não há em nós nenhum movimento particular dos espíritos que a excite; mas é um vício oposto à vergonha e também à glória, uma vez que ambas são boas, assim como a ingratidão é oposta ao reconhecimento, e a crueldade à piedade. E a principal causa do atrevimento provém de se terem várias vezes grandes afrontas. Pois não há ninguém que imagine, sendo jovem, que o louvor é um bem e a infâmia um mal muito mais importantes para a vida do que, por experiência, julga que são, quando, tendo recebido algumas afrontas específicas, vê-se inteiramente privado [484] de honra e desprezado por todos. Por isso tornam-se atrevidos aqueles que, avaliando o bem e o mal apenas pelas comodidades do corpo, veem que continuam a desfrutá-las depois dessas afrontas tanto quanto antes ou às vezes até muito mais, porque se desvencilham de muitas obrigações que a honra lhes impunha e, se a perda dos bens está unida à sua desgraça, há pessoas caridosas que lhes dão esses bens.

Art. 208. Do dissabor

O dissabor é uma espécie de tristeza que provém da mesma causa de que antes proveio a alegria. Pois somos compostos que tal modo que a maioria das coisas que nos alegram só são boas para nós por um tempo e depois se tornam incômodas. Isso se mostra principalmente no beber e no comer, que apenas são úteis enquanto temos apetite e são prejudiciais quando já não o temos; e, porque deixam então de ser agradáveis ao sabor, deu-se a essa paixão o nome de dissabor.

Art. 209. Da saudade

A saudade também é uma espécie de tristeza, que tem um amargor particular por estar sempre unida a algum desespero e à memória do prazer [485] que a fruição nos deu. Pois jamais temos saudade senão dos bens que fruímos e que estão perdidos de tal modo que não há nenhuma esperança de recuperá-los no momento e da maneira como temos saudade deles.

Art. 210. Do júbilo

Enfim, o que denomino júbilo é uma espécie de alegria que tem a particularidade de sua doçura ser aumentada pela lembrança dos males que sofremos e dos quais nos sentimos aliviados da mesma maneira como nos sentiríamos aliviados de um fardo pesado que por muito tempo tivéssemos carregado nas costas. E não vejo nada de muito notável nessas três paixões; assim, só as coloquei aqui para seguir a ordem da enumeração que fiz acima;

mas parece-me que essa enumeração foi útil para mostrar que não omitimos nenhuma paixão que seja digna de consideração particular.

Art. 211. Um remédio geral contra as paixões

E, agora que conhecemos todas elas, temos muito menos motivo para temê-las do que tínhamos antes. Pois vemos que são todas boas por sua natureza e que nada temos [486] a evitar a não ser seus maus usos ou seus excessos, contra os quais os remédios que expliquei poderiam ser suficientes se cada um tivesse bastante cuidado de praticá-los. Mas, porque coloquei entre esses remédios a premeditação e o engenho pelo qual se podem corrigir seus defeitos naturais, empenhando-se em separar em si os movimentos do sangue e dos espíritos daqueles pensamentos aos quais costumam estar unidos, admito que há poucas pessoas que se tenham preparado suficientemente dessa maneira contra todos os tipos de encontros, e que esses movimentos excitados no sangue pelos objetos das paixões seguem antes tão prontamente apenas das impressões que se fazem no cérebro e da disposição dos órgãos, embora a alma não contribua para isso de maneira nenhuma, que não há sabedoria humana capaz de lhes resistir quando não se está suficientemente preparado. Assim, muitos não conseguem deixar de rir quando lhes fazem cócegas, apesar de não terem com isso nenhum prazer. Pois a impressão da alegria e da surpresa, que os fez rir em outra ocasião pelo mesmo motivo, sendo despertada em sua fantasia, faz seu pulmão se encher subitamente, a despeito deles, com o sangue que o coração lhe envia. Assim, os que são por natureza muito levados às emoções da alegria ou da piedade, ou do medo, ou da cólera, não podem deixar de desfalecer, ou de chorar, ou de tremer, ou de ficar com o sangue agitado, como se tivessem febre, quando sua fantasia é intensamente afetada pelo objeto de alguma dessas paixões. Mas o que sempre é possível fazer em tal ocasião [487], e que penso poder colocar aqui como o remédio mais geral e mais fácil a ser praticado contra todos os excessos das paixões, é, quando sentimos o sangue tão agitado, nos advertirmos e nos lembrarmos de que tudo o que se apresenta à imaginação tende a enganar a alma e a lhe fazer as razões que servem para persuadir o objeto de sua paixão parecerem muito mais fortes do que são, e as que servem para dissuadi-la muito mais fracas. E, quando a paixão só persuade das coisas cuja execução sofre algum atraso, é preciso abster-se de fazer qualquer julgamento na hora e deixar-se distrair por outros pensamentos até que o tempo e o descanso tenham apaziguado inteiramente a emoção que está no sangue. E, finalmente, quando ela incita a ações com respeito às quais é necessário tomar uma resolução na hora, é preciso que a vontade se aplique principalmente em considerar e seguir as razões que são contrárias às que a paixão representa, ainda que pareçam menos fortes. Como quando se é atacado inopinadamente por algum inimigo, a ocasião não permite que se empregue nenhum tempo em deliberar. Mas o que me parece que aqueles que estão acostumados a refletir sobre suas ações sempre podem é, quando se sentirem tomados pelo medo, tentarem desviar seu pensamento da consideração do perigo, representando para si mesmos as razões pelas quais há muito mais segurança e mais honra na resistência do que na fuga; e, ao contrário, quando sentirem que o desejo de vingança e a cólera os incitam a correr irrefletidamente para aqueles que [488] os atacam, eles se lembrarão de pensar que é imprudência perder-se quando é possível, sem desonra, recuar, e que, se o jogo é muito desigual, mais vale fazer uma retirada honesta ou se recolher do que se expor brutalmente a uma morte certa.

Art. 212. Que é unicamente delas que dependem todo o bem e o mal desta vida

De resto, a alma pode ter seus prazeres à parte. Mas, quanto aos que lhe são comuns com o corpo, eles dependem inteiramente das paixões: de modo que os homens que ela mais pode comover são capazes de saborear mais doçura nesta vida. É verdade que eles também podem encontrar mais amargor quando não sabem empregá-las bem e a fortuna lhes é contrária. Mas a sabedoria é principalmente útil nesse ponto, pois ensina a se tornar senhor delas e a controlá-las com tanta destreza que os males que elas causam são muito suportáveis e até se extrai alegria de todos eles.

Índice

Sumário, 5

Parte I – Das paixões em geral e por ocasião de toda a natureza do homem, 7

Art. 1. Que aquilo que é paixão com respeito a um sujeito é sempre ação de algum outro ponto de vista, 7

Art. 2. Que para conhecer as paixões da alma é preciso distinguir suas funções daquelas do corpo, 8

Art. 3. Que regra se deve seguir para isso, 8

Art. 4. Que o calor e o movimento dos membros procedem do corpo, e os pensamentos, da alma, 8

Art. 5. Que é errado acreditar que a alma dá o movimento e o calor ao corpo, 9

Art. 6. Qual a diferença entre um corpo vivo e um corpo morto, 9

Art. 7. Breve explicação das partes do corpo e de algumas de suas funções, 10

Art. 8. Qual é o princípio de todas essas funções, 11

Art. 9. Como se faz o movimento do coração, 11

Art. 10. Como os espíritos animais são produzidos no cérebro, 12

Art. 11. Como se fazem os movimentos dos músculos, 13

Art. 12. Como os objetos de fora agem contra os órgãos dos sentidos, 14

Art. 13. Que essa ação dos objetos de fora pode levar diversamente os espíritos aos músculos, 15

Art. 14. Que a diversidade que existe entre os espíritos pode também diversificar seu curso, 16

Art. 15. Quais são as causas de sua diversidade, 16

Art. 16. Como todos os membros podem ser movidos pelos objetos dos sentidos e pelos espíritos sem ajuda da alma, 17

Art. 17. Quais são as funções da alma, 18

Art. 18. Da vontade, 18

Art. 19. Da percepção, 19

Art. 20. Das imaginações e outros pensamentos que são formados pela alma, 19

Art. 21. Das imaginações que têm como causa apenas o corpo, 20

Art. 22. Da diferença que existe entre as outras percepções, 20

Art. 23. Das percepções que relacionamos aos objetos que estão fora de nós, 21

Art. 24. Das percepções que relacionamos a nosso corpo, 21

Art. 25. Das percepções que relacionamos a nossa alma, 22

Art. 26. Que as imaginações que apenas dependem do movimento fortuito dos espíritos podem ser paixões tão verdadeiras quanto as percepções que dependem dos nervos, 22

Art. 27. A definição das paixões da alma, 23

Art. 28. Explicação da primeira parte dessa definição, 23

Art. 29. Explicação de sua outra parte, 24

Art. 30. Que a alma está unida a todas as partes do corpo conjuntamente, 24

Art. 31. Que há uma pequena glândula no cérebro na qual a alma exerce suas funções mais particularmente do que nas outras partes, 25

Art. 32. Como se sabe que essa glândula é a principal sede da alma, 26

Art. 33. Que a sede das paixões não está no coração, 26

Art. 34. Como a alma e o corpo agem um contra o outro, 27

Art. 35. Exemplo da maneira pela qual as impressões dos objetos unem-se na glândula que há no meio do cérebro, 28

Art. 36. Exemplo da maneira pela qual as paixões são excitadas na alma, 28

Art. 37. Como parece que são todas causadas por algum movimento dos espíritos, 29

Art. 38. Exemplo dos movimentos do corpo que acompanham as paixões e não dependem da alma, 30

Art. 39. Como uma mesma causa pode excitar diversas paixões em diversos homens, 30

Art. 40. Qual é o principal efeito das paixões, 30

Art. 41. Qual é o poder da alma com respeito ao corpo, 31

Art. 42. Como se encontram na própria memória as coisas de que se quer lembrar, 31

Art. 43. Como a alma pode imaginar, estar atenta e mover o corpo, 32

Art. 44. Que cada vontade está naturalmente unida a algum movimento da glândula; mas que, por engenho ou por hábito, pode-se uni-la a outros, 32

Art. 45. Qual é o poder da alma com respeito a suas paixões, 33

Art. 46. Qual é a razão que impede que a alma disponha inteiramente de suas paixões, 34

Art. 47. Em que consistem os combates que se costumam imaginar entre a parte inferior e a superior da alma, 34

Art. 48. Em que se conhece a força ou a fraqueza das almas e qual é o mal das mais fracas, 36

Art. 49. Que a força da alma não é suficiente sem o conhecimento da verdade, 37

Art. 50. Que não há alma tão fraca que não possa, sendo bem conduzida, adquirir um poder absoluto sobre as paixões, 38

Parte II – Do número e da ordem das paixões e a explicação das cinco primitivas, 41

Art. 51. Quais são as primeiras causas das paixões, 41

Art. 52. Qual é seu uso e como podem ser enumeradas, 42

A ordem e a enumeração das paixões, 42

Art. 53. A admiração, 42

Art. 54. A estima e o desprezo, a generosidade ou o orgulho e a humildade ou a baixeza, 43

Art. 55. A veneração e o desdém, 43

Art. 56. O amor e o ódio, 43

Art. 57. O desejo, 43

Art. 58. A esperança, o temor, o ciúme, a segurança e o desespero, 44

Art. 59. A irresolução, a coragem, a audácia, a emulação, a covardia e o pavor, 44

Art. 60. O remorso, 44

Art. 61. A alegria e a tristeza, 45

Art. 62. A zombaria, a inveja, a piedade, 45

Art. 63. A satisfação consigo mesmo e o arrependimento, 45

Art. 64. O favor e o reconhecimento, 45

Art. 65. A indignação e a cólera, 46

Art. 66. A glória e a vergonha, 46

Art. 67. O dissabor, a nostalgia e o júbilo, 46

Art. 68. Por que essa enumeração das paixões é diferente da comumente aceita, 46

Art. 69. Que há apenas seis paixões primitivas, 47

Art. 70. Da admiração; sua definição e sua causa, 47

Art. 71. Que não ocorre nenhuma mudança no coração nem no sangue nessa paixão, 48

Art. 72. Em que consiste a força da admiração, 48

Art. 73. O que é o espanto, 49

Art. 74. Para que servem todas as paixões e a que elas fazem mal, 49

Art. 75. Para que serve particularmente a admiração, 50

Art. 76. Em que ela pode prejudicar, e como se pode suprir sua falta e corrigir seu excesso, 50

Art. 77. Que nem os mais estúpidos nem os mais hábeis são os mais impelidos à admiração, 51

Art. 78. Que seu excesso pode transformar-se em hábito quando não é corrigido, 51

Art. 79. As definições do amor e do ódio, 52

Art. 80. O que é unir-se ou separar-se por vontade, 52

Art. 81. Da distinção que se costuma fazer entre o amor de concupiscência e de benevolência, 52

Art. 82. Como paixões muito diferentes combinam por participarem do amor, 53

Art. 83. Da diferença que existe entre a simples afeição, a amizade e a devoção, 54

Art. 84. Que não há tantas espécies de ódio quantas de amor, 55

Art. 85. Do agrado e do horror, 55

Art. 86. A definição do desejo, 56

Art. 87. O que é uma paixão que não tem contrário, 56

Art. 88. Quais são suas diversas espécies, 57

Art. 89. Qual é o desejo que nasce do horror, 57

Art. 90. Qual é o que nasce do agrado, 58

Art. 91. A definição da alegria, 59

Art. 92. A definição da tristeza, 60

Art. 93. Quais são as causas dessas duas paixões, 60

Art. 94. Como essas paixões são excitadas por bens e por males que só se referem ao corpo e em que consistem a cócega e a dor, 60

Art. 95. Como elas também podem ser excitadas por bens e males que a alma não nota, ainda que pertençam a ela; como são o prazer que se tem em se aventurar ou em lembrar o mal passado, 62

Art. 96. Quais são os movimentos do sangue e dos espíritos que causam as cinco paixões precedentes, 62

Art. 97. As principais experiências que servem para conhecer esses movimentos no amor, 63

Art. 98. No ódio, 63

Art. 99. Na alegria, 63

Art. 100. Na tristeza, 63

Art. 101. No desejo, 64

Art. 102. O movimento do sangue e dos espíritos no amor, 64

Art. 103. No ódio, 65

Art. 104. Na alegria, 65

Art. 105. Na tristeza, 66

Art. 106. No desejo, 66

Art. 107. Qual a causa desses movimentos no amor, 66

Art. 108. No ódio, 67

Art. 109. Na alegria, 68

Art. 110. Na tristeza, 68

Art. 111. No desejo, 69

Art. 112. Quais são os sinais exteriores dessas paixões, 69

Art. 113. Das ações dos olhos e do rosto, 70

Art. 114. Das mudanças de cor, 70

Art. 115. Como a alegria faz enrubescer, 71

Art. 116. Como a tristeza faz empalidecer, 71

Art. 117. Como frequentemente se enrubesce estando triste, 71

Art. 118. Dos tremores, 72

Art. 119. Da languidez, 73

Art. 120. Como ela é causada pelo amor e pelo desejo, 73

Art. 121. Que ela também pode ser causada por outras paixões, 74

Art. 122. Do desfalecimento, 74

Art. 123. Por que não se desfalece de tristeza, 75

Art. 124. Do riso, 75

Art. 125. Por que ele não acompanha as maiores alegrias, 76

Art. 126. Quais são suas principais causas, 76

Art. 127. Qual é sua causa na indignação, 77

Art. 128. Da origem das lágrimas, 78

Art. 129. Da maneira como os vapores se transformam em água, 78

Art. 130. Como o que provoca dor no olho o incita a chorar, 79

Art. 131. Como se chora de tristeza, 79

Art. 132. Dos gemidos que acompanham as lágrimas, 80

Art. 133. Por que as crianças e os velhos choram com facilidade, 80

Art. 134. Por que algumas crianças empalidecem em vez de chorar, 81

Art. 135. Dos suspiros, 81

Art. 136. De onde provêm os efeitos das paixões que são particulares a determinados homens, 82

Art. 137. Do uso das cinco paixões aqui explicadas, uma vez que se relacionam ao corpo, 83

Art. 138. De seus defeitos, e dos meios de corrigi-los, 84

Art. 139. Do uso das mesmas paixões, uma vez que pertencem à alma, e primeiramente do amor, 85

Art. 140. Do ódio, 85

Art. 141. Do desejo, da alegria e da tristeza, 86

Art. 142. Da alegria e do amor, comparados com a tristeza e o ódio, 87

Art. 143. Das mesmas paixões, uma vez que se referem ao desejo, 87

Art. 144. Dos desejos cujo cumprimento depende apenas de nós, 88

Art. 145. Dos que só dependem das outras causas, e o que é a fortuna, 89

Art. 146. Dos que dependem de nós e dos outros, 90

Art. 147. Das emoções interiores da alma, 91

Art. 148. Que o exercício da virtude é remédio soberano contra as paixões, 92

Parte III – Das paixões particulares, 93

Art. 149. Da estima e do desprezo, 93

Art. 150. Que essas duas paixões não são mais que espécies de admiração, 94

Art. 151. Que se pode estimar ou desprezar a si mesmo, 94

Art. 152. Por qual causa se pode estimar a si mesmo, 94

Art. 153. Em que consiste a generosidade, 95

Art. 154. Que ela impede que se desprezem os outros, 95

Art. 155. Em que consiste a humildade virtuosa, 96

Art. 156. Quais são as propriedades da generosidade e como ela serve de remédio contra todos os desregramentos das paixões, 96

Art. 157. Do orgulho, 97

Art. 158. Que seus efeitos são contrários aos da generosidade, 97

Art. 159. Da humildade viciosa, 98

Art. 160. Qual é o movimento dos espíritos nessas paixões, 99

Art. 161. Como a generosidade pode ser adquirida, 100

Art. 162. Da veneração, 101

Art. 163. Do desdém, 102

Art. 164. Do uso dessas duas paixões, 102

Art. 165. Da esperança e do temor, 103

Art. 166. Da segurança e do desespero, 103

Art. 167. Do ciúme, 103

Art. 168. Em que essa paixão pode ser honesta, 104

Art. 169. Em que ela é condenável, 104

Art. 170. Da irresolução, 105

Art. 171. Da coragem e da ousadia, 106

Art. 172. Da emulação, 106

Art. 173. Como a ousadia depende da esperança, 106

Art. 174. Da covardia e do medo, 107

Art. 175. Do uso da covardia, 107

Art. 176. Do uso do medo, 108

Art. 177. Do remorso, 108

Art. 178. Da zombaria, 109

Art. 179. Por que os mais imperfeitos costumam ser os mais zombeteiros, 109

Art. 180. Do uso da pilhéria, 109

Art. 181. Do uso do riso na pilhéria, 110

Art. 182. Da inveja, 110

Art. 183. Como ela pode ser justa ou injusta, 110

Art. 184. De onde provém os invejosos estarem sujeitos a ter a tez plúmbea, 111

Art. 185. Da piedade, 112

Art. 186. Quem são os mais piedosos, 112

Art. 187. Como os mais generosos são tocados por essa paixão, 112

Art. 188. Quem são os não afetados por ela, 113

Art. 189. Por que essa paixão incita a chorar, 113

Art. 190. Da satisfação de si mesmo, 113

Art. 191. Do arrependimento, 114

Art. 192. Do favor, 115

Art. 193. Do reconhecimento, 115

Art. 194. Da ingratidão, 115

Art. 195. Da indignação, 116

Art. 196. Por que às vezes ela está aliada à piedade e às vezes à zombaria, 116

Art. 197. Que ela é frequentemente acompanhada de admiração e não é incompatível com a alegria, 117

Art. 198. De seu uso, 117

Art. 199. Da cólera, 117

Art. 200. Por que os que ela faz enrubescer são menos temíveis do que os que ela faz empalidecer, 118

Art. 201. Que há duas espécies de cólera, e que os que têm mais bondade são os mais sujeitos à primeira, 119

Art. 202. Que são as almas fracas e baixas que mais se deixam levar à outra, 120

Art. 203. Que a generosidade serve como remédio contra seus excessos, 120

Art. 204. Da glória, 121

Art. 205. Da vergonha, 121

Art. 206. Do uso dessas duas paixões, 122

Art. 207. Da impudência, 122

Art. 208. Do dissabor, 123

Art. 209. Da saudade, 123

Art. 210. Do júbilo, 123

Art. 211. Um remédio geral contra as paixões, 124

Art. 212. Que é unicamente delas que dependem todo o bem e o mal desta vida, 126

Vozes de Bolso

- *Assim falava Zaratustra* – Friedrich Nietzsche
- *O Príncipe* – Nicolau Maquiavel
- *Confissões* – Santo Agostinho
- *Brasil: nunca mais* – Mitra Arquidiocesana de São Paulo
- *A arte da guerra* – Sun Tzu
- *O conceito de angústia* – Søren Aabye Kierkegaard
- *Manifesto do Partido Comunista* – Friedrich Engels e Karl Marx
- *Imitação de Cristo* – Tomás de Kempis
- *O homem à procura de si mesmo* – Rollo May
- *O existencialismo é um humanismo* – Jean-Paul Sartre
- *Além do bem e do mal* – Friedrich Nietzsche
- *O abolicionismo* – Joaquim Nabuco
- *Filoteia* – São Francisco de Sales
- *Jesus Cristo Libertador* – Leonardo Boff
- *A Cidade de Deus – Parte I* – Santo Agostinho
- *A Cidade de Deus – Parte II* – Santo Agostinho
- *O conceito de ironia constantemente referido a Sócrates* –
  Søren Aabye Kierkegaard
- *Tratado sobre a clemência* – Sêneca
- *O ente e a essência* – Santo Tomás de Aquino
- *Sobre a potencialidade da alma* – De quantitate animae –
  Santo Agostinho
- *Sobre a vida feliz* – Santo Agostinho
- *Contra os acadêmicos* – Santo Agostinho
- *A Cidade do Sol* – Tommaso Campanella
- *Crepúsculo dos ídolos ou Como se filosofa com o martelo* –
  Friedrich Nietzsche
- *A essência da filosofia* – Wilhelm Dilthey
- *Elogio da loucura* – Erasmo de Roterdã
- *Utopia* – Thomas Morus
- *Do contrato social* – Jean-Jacques Rousseau
- *Discurso sobre a economia política* – Jean-Jacques Rousseau
- *Vontade de potência* – Friedrich Nietzsche
- *A genealogia da moral* – Friedrich Nietzsche
- *O banquete* – Platão
- *Os pensadores originários* – Anaximandro, Parmênides, Heráclito
- *A arte de ter razão* – Arthur Schopenhauer
- *Discurso sobre o método* – René Descartes
- *Que é isto – A filosofia?* – Martin Heidegger
- *Identidade e diferença* – Martin Heidegger
- *Sobre a mentira* – Santo Agostinho
- *Da arte da guerra* – Nicolau Maquiavel
- *Os direitos do homem* – Thomas Paine
- *Sobre a liberdade* – John Stuart Mill
- *Defensor menor* – Marsílio de Pádua

- *Tratado sobre o regime e o governo da cidade de Florença* – J. Savonarola
- *Primeiros princípios metafísicos da Doutrina do Direito* – Immanuel Kant
- *Carta sobre a tolerância* – John Locke
- *A desobediência civil* – Henry David Thoureau
- *A ideologia alemã* – Karl Marx e Friedrich Engels
- *O conspirador* – Nicolau Maquiavel
- *Discurso de metafísica* – Gottfried Wilhelm Leibniz
- *Segundo tratado sobre o governo civil e outros escritos* – John Locke
- *Miséria da filosofia* – Karl Marx
- *Escritos seletos* – Martinho Lutero
- *Escritos seletos* – João Calvino
- *Que é a literatura?* – Jean-Paul Sartre
- *Dos delitos e das penas* – Cesare Beccaria
- *O anticristo* – Friedrich Nietzsche
- *À paz perpétua* – Immanuel Kant
- *A ética protestante e o espírito do capitalismo* – Max Weber
- *Apologia de Sócrates* – Platão
- *Da república* – Cícero
- *O socialismo humanista* – Che Guevara
- *Da alma* – Aristóteles
- *Heróis e maravilhas* – Jacques Le Goff
- *Breve tratado sobre Deus, o ser humano e sua felicidade* – Baruch de Espinosa
- *Sobre a brevidade da vida & Sobre o ócio* – Sêneca
- *A sujeição das mulheres* – John Stuart Mill
- *Viagem ao Brasil* – Hans Staden
- *Sobre a prudência* – Santo Tomás de Aquino
- *Discurso sobre a origem e os fundamentos da desigualdade entre os homens* – Jean-Jacques Rousseau
- *Cândido, ou o otimismo* – Voltaire
- *Fédon* – Platão
- *Sobre como lidar consigo mesmo* – Arthur Schopenhauer
- *O discurso da servidão ou O contra um* – Étienne de La Boétie
- *Retórica* – Aristóteles
- *Manuscritos econômico-filosóficos* – Karl Marx
- *Sobre a tranquilidade da alma* – Sêneca
- *Uma investigação sobre o entendimento humano* – David Hume
- *Meditações metafísicas* – René Descartes
- *Política* – Aristóteles
- *As paixões da alma* – René Descartes
- *Ecce homo* – Friedrich Nietzsche
- *A arte da prudência* – Baltasar Gracián
- *Como distinguir um bajulador de um amigo* – Plutarco
- *Como tirar proveito dos seus inimigos* – Plutarco

Leia também!

Étienne de La Boétie
O DISCURSO DA SERVIDÃO VOLUNTÁRIA

Platão
FÉDON

Arthur Schopenhauer
SOBRE COMO LIDAR CONSIGO MESMO

Karl Marx
MISÉRIA DA FILOSOFIA
RESPOSTAS À *FILOSOFIA DA MISÉRIA* DE PROUDHON

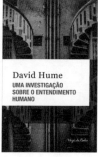

David Hume
UMA INVESTIGAÇÃO SOBRE O ENTENDIMENTO HUMANO

Karl Marx
MANUSCRITOS ECONÔMICO-FILOSÓFICOS DE 1844

Conecte-se conosco:

f facebook.com/editoravozes

◉ @editoravozes

🐦 @editora_vozes

▶ youtube.com/editoravozes

💬 +55 24 2233-9033

www.vozes.com.br

Conheça nossas lojas:

www.livrariavozes.com.br

Belo Horizonte – Brasília – Campinas – Cuiabá – Curitiba
Fortaleza – Juiz de Fora – Petrópolis – Recife – São Paulo

EDITORA VOZES LTDA.
Rua Frei Luís, 100 – Centro – Cep 25689-900 – Petrópolis, RJ
Tel.: (24) 2233-9000 – E-mail: vendas@vozes.com.br